仕事が早く終わる人、いつまでも終わらない人の習慣

吉田幸弘
Yukihiro Yoshida

あさ出版

□ 仕事は常に緊張感をもって取り組まなければならない
□ 資料は常に100点満点を狙う
□ 上司やお客様から求められると無理な納期を設定してしまう
□ 少しでも空き時間ができるとメールチェックをしてしまう
□ 忙しくて昼休みをとらないこともある

Check !

●チェックが15個以上ついた方
緊急事態です。

仕事時間を自らどんどん増やしてしまう、悪いスパイラルに入っています。今すぐこの本を読み始めてください！

●チェックが10個以上ついた方
仕事時間増加予備軍です。
この本の目次を見て、気になる章から読み始めてください。

●チェックが5個以上ついた方
今はまだ大丈夫ですが、今後、仕事時間が増加する可能性大。そうならないために、この本を読んで、今から思考法、感情コントロールを覚えておきましょう。

●チェックが4個以下の方
今のあなたの状態であれば、この本を読まなくても大丈夫です。ただ、読んでおくことで、部下や後輩にアドバイスすることができるので一読をお勧めします（笑）

本書では42個のスキルをご紹介しています。
すべてを行うのではなく、できることから試していってください。

自己診断テスト

あなたの仕事の仕方は大丈夫？

本書を読み始める前に、まず、あなたの今の仕事の仕方を診断してみましょう。

以下の項目のうち、あなたの仕事の仕方に当てはまるものをチェックしてください（複数可）。

□ １年以上使っていないのに捨てられないものがある
□ 人に教えるのに時間をかけるくらいなら自分でやるほうが早い
□ 怒りっぽい性格である
□ 頼まれたら何でもすぐにやろうとする
□ 期限の近い順に仕事を進める
□ 断るのが苦手である
□ メールの文面が長い
□ 仕事はきちんとデスクに座ってするべきである
□ 連絡は常にメールを使っている
□ ミスや失敗を引きずりやすい
□ ムダだと思いながらもやっている聖域の仕事が5つ以上ある
□ 楽をしている人を見るとイライラしてしまう
□ 誰からも嫌われたくない
□ 上司や先輩の視線が常に気になってしまう
□ 予定表が埋まっていないと不安になる
□ 正直、忙しい自分に酔ってしまったことがある
□ １日２時間程度でできるストレス解消の手段を持っていない
□ 念のために資料はできるだけ細かくつくっておく
□ 自分の手で書くのは非効率、パソコンでよい
□ 雑談は時間のムダだ

はじめに

突然ですが、ここに2人のビジネスパーソンAさんとBさんがいます。

2人とも入社7年目の同期で、同じような仕事を担当しています。

Aさんは真面目で、いつも一生懸命仕事をしているのに、なかなか成果が出ず、次のような悩みを抱えていました。

・夜遅くまで仕事をしている分、朝まで疲れが残ってしまう
・遅くまで働いている割には成果が上がらない
・忙しい時に追い打ちをかけるように仕事が入ってくる
・週末も家で仕事をしなくてはならず、常に頭から仕事が離れない

一方のBさんは、いつもお気楽な感じなのに高い成果を上げています。さぞかし朝早くから夜遅くまで働いているかと思いきや、Bさんの仕事ぶりは次のような状態です。

・毎日、定時で帰る
・会議などでよく新しいアイデアを出していて評価も高い
・家族や友人と過ごす時間を大切にしている
・日頃からスポーツをしているので心身ともに健康である
・アフター5は、社外の人との人脈をつくっている

Aさんと比べると、実に対照的です。
時間の経過とともに2人はどんどん差がつき、入社10年を迎えた時には、Bさんが
Aさんの上司になり、年収の差も歴然となりました。
「真面目なAさんが報われないなんておかしい」と思った人もいるかもしれません。
企業は営利団体です。
成果を上げている人を優遇するのは、当然のことです。
では、あなたが2人の会社の経営者だったら、どちらを役職に引き上げますか？
また、あなた自身は、AさんとBさん、どちらになりたいでしょうか？

今でこそ、こうして仕事術について本を書かせていただいたり、研修・講演等でお伝えしたりしている私も、かつてはAさんのような状態でした。

会社員をしていた頃は、毎日朝から夜遅くまで、時には休日も働いていました。昼間はお客様を訪問し、夕方以降はオフィスで資料作成や事務処理、他のメンバーの役に立ちたいと企画書の作成をするのです。

どれだけ働いても仕事が減らず、残業は増える一方。睡眠不足で毎朝フラフラの状態で、栄養ドリンクなどを飲みながら仕事をこなしていました。

しかしある時、同僚が涼しい顔で仕事をこなしていることに気づきました。「よほど仕事が少ないのではないか」、その時は反感を抱きましたが、意識して観察したところ、仕事が少ないわけでも、サボっているわけでもないことがわかりました。

むしろ他のメンバーよりずっと多くの仕事をこなしているうえに、新しいことを学んだり、体を鍛えたりといった努力をしていたのです。仕事の仕方を工夫しているから、彼は良いパフォーマンスを出せていたのです。

「仕事時間が多いこと＝仕事がはかどる」ではないこと、さらに、パフォーマンスを上げるには、仕事時間を減らせるだけ減らしたほうがよいことを、その同僚の姿から学んだ私は、彼を師として、彼の仕事の仕方を真似し始めました。

さらに、書籍やセミナーでコミュニケーション術、時短テクニックを学び、自分の仕事の仕方を変えていったのです。リーダーになってからも、学んだ仕事術を実践し、チームメンバーにも教えたところ、管轄するチームメンバーの残業が減り、離職率も下がり、生産性を高め、ＭＶＰを獲得することができました。

講演やコンサルティングの現場では、かつての私のように、「仕事が多くて、なかなか終わらない」「毎日、仕事に追われてばかりでキツイ」などと悩んでいる人に数多く出会います。

そんな人たちには、主に次のような特徴があります。

・断ることが苦手で、どんなに忙しくても仕事を請けている

・周囲の人のことを考えてていねいに仕事をしている
・相手のために無理な納期でも対応する
・資料を案件ごとに、こと細かに作成している
・責任感が強く、他の人に仕事を振らず、自分で抱え込みすぎてしまっている

真面目で気配り上手。それがすぎるゆえに、どんどんどんどん自分で仕事を増やしてしまっているのです。

その結果、心身ともに疲弊し、当然パフォーマンスは落ち、仕事のスピードが遅くなり、仕事に時間を取られていく毎日に――。

まさに、悪循環のスパイラルに陥っているのです。


私はこれまで、研修や講演、コンサルティング等を通して3万人超の方々と接し、様々な相談を受け、仕事時間、量を減らす方法をお伝えしてきました。

その中から特に効果が高いもの、評判がよかったものを中心に、私の経験を踏まえ

ながら、仕事を早く終わらせるコツや考え方、感情との向き合い方などを、仕事がいつまでも終わらない人の悪い習慣と対比させながら、本書ではご紹介しています。

仕事がいつまでも終わらない理由のほとんどは、よかれと思ってやっていることが、かえって仕事を増やしてしまっていることにあります。あなたももしかしたら無意識のうちに、自ら仕事の量、時間を増やしてしまっているかもしれません。

本書の最初に、あなたが「仕事時間を増やす人」になっていないかどうかをチェックする自己診断テストを掲載しています。ぜひチャレンジして、今のあなたの仕事の仕方、状態を振り返ってみてください。該当する項目の多かった方は、ぜひ本書をお読みになって、「仕事のパフォーマンスの高い人」「定時に帰る人」を目指していただければと思います。

2019年6月

リフレッシュコミュニケーションズ　吉田幸弘

自己診断テスト　あなたの仕事の仕方は大丈夫？　3

はじめに　4

第1章 仕事が早い人が実践している ムダを減らす時間の使い方

Contents

第2章

仕事がうまくまわる人間関係を構築する方法

Contents

第3章

さりげなくて非常に効率的な仕事術

Contents

第4章

仕事時間が少ないのに結果が出る思考法

Contents

第5章

仕事がはかどる感情との付き合い方

Contents

第1章

仕事が早い人が実践しているムダを減らす時間の使い方

No. 01

仕事が

早く終わる人は小さなカバン、終わらない人は大きなカバンで考える

あなたが仕事用で使っているカバンのサイズは大きいでしょうか、それとも、小さいでしょうか。

実は、仕事がなかなか終わらない人は、たいてい大きいサイズのカバンを使っています。

お客様を訪問する際も、大きいカバンに分厚い提案書や使わないであろう参考資料をぎっしりと詰め込み、移動時間に読むためと本を何冊も入れて、かなりの重量の荷物を常に持ち歩いています（結局、読み終わらず、いつまでも本が入りっぱなし、ということも……）。

お客様のところでも、せっかく持って行ったのだからと、大量の提案書を広げてプレゼンを始めるものの、時間内に終わらず、収拾がつかなくなってしまうなんてこともしばしばです。

また、カバンに荷物をパンパンに詰め込む人は、予定もパンパンに詰め込みがちです。

たとえば、移動時間をギリギリで考え、1日にアポを5件も6件も入れてしまいます。その結果、商談が延長したり電車が遅延したりするたびに、それ以降の約束すべてに間に合わず、お客様に迷惑をかけてしまいます。

さらに、自分のキャパシティを超えた仕事量を引き受けがちです。

「これぐらいならできるだろう」と、自分の力を過信しているうえに、計画の精度、時間の見積もりも甘い。時には、まったく計画を立てることなく、引き受けてしまいます。そして結局、処理できずに、相手に迷惑をかけたり、周りの人間を巻き込んでどうにか仕上げたりといったことに陥るのです。

一方、仕事が早く終わる人は、小さいサイズのカバンを使っています。

小さいので、大量の書類は入りません。

提案書もスマートで少ない枚数にしなければならないので、資料なども的を射た必要最低限のものにする必要があります。

それがお客様への、ポイントを突いた簡潔な説明につながります。

無理なタイムスケジュール、行動計画も立てませんし、自分の仕事が1時間でどれだけ進むかなどもきちんと把握しているため、できる量、範囲と照らし合わせて、仕事を引き受けるかどうかを決めるので、周りに迷惑をかけることもさほどありません。

タイムスケジュールも、電車は遅延するものとして、あらかじめ、多少のリスクには対応できるくらいの余裕を持たせて組むことが習慣になっています。


確実にできること、確実に使うものだけにする。それでよいのです。

仕事が早く片づくポイント

タイムスケジュールは無理をしない

小さなカバンで快適に仕事をするために著者がしていること

- □ データ化したものは紙ベースで持たない
- □ 要らないものはどんどん捨てる（取り出す）
- □「もしかしたら使うかも」は、本当に使う具体的なシーンがあるか自問してからカバンに入れる
- □ 会社に戻るたびに、仕事の資料はカバンからすべて取り出す
- □ ノートは 1 冊以上持たない
- □ 筆記用具はペンケースに入れておく
- □ ペンは 2 本までしか持たない
- □ 訪問先で何か資料を受け取ることを想定して空のクリアホルダーを持っていく
- □ ホッチキスを常備し、紙が散らばらないようにする
- □ 1 つのクリアファイルに 2 社以上の取引先の情報を混ぜない
- □ 持ち歩く本は 2 冊までにする
- □ 必需品であってもスペアは 1 つまでにする
- □ 水やアメは、手持ちのものがなくなるまで買わない
- □ むやみに電子マネーを使わない
- □ セミナー講師をする際や営業に行く際は、持ち物チェックリストを用意しておき、そこに書かれているものだけを持っていく（例外あり）

No.02

仕事が

早く終わる人は貯金箱に500円玉から入れ、終わらない人は1円玉から入れる

仕事には「まとまった時間」が必要なものと、「スキマ時間」で対応できるものがあります。

まとまった時間が必要なものには、コンペの提案書の作成や来期の商品開発計画の立案、企画の立案、予算案の作成などがあります。

一方、スキマ時間で対応できるものには、電話やメールの対応や上司等からのちょっとした頼まれごと、備品のオーダー、経費精算などがあります。その多くが、すぐできるものです。

仕事がいつまでも終わらない人は、スキマ時間でもできる仕事を先に手がけます。

仮にその日15個のタスクを片づけなくてはならないとしたら、とりあえずすぐに終わるスキマ時間で対応できる仕事を10個終わらせて残り5個にしてしまいます。要は、圧迫感を減らすわけです。

また、作業の途中であっても上司やお客様から何か頼まれたら、やっていた仕事を中断させてでも、すぐに対応します。タスクの数をできるだけ増やしません。すぐ終わるとはいえ、それぞれほんの5分、10分だとしても、トータルすれば結構な時間数です。

また、タスク数が減ると、仕事が順調に片づいているように思えますが、実はほぼ変わりません。むしろ、「まとまった時間」を要する仕事を先延ばしにしているので、腰を据えて、集中してやらなければならないことを、残業をしたり、それでも間に合わず家に持ち帰ったりして取り組む分、当然、生産性も下がり、それによって時間もかかり、想定していたよりも多くの時間を要することになるのです。

これは貯金箱の原理に似ています。

貯金箱に1円玉を入れられるだけ入れた後、さらに500円玉を入れようとしてもほとんど入りません。1円玉が小さいため、スキマなくぎっちり入っているからです。反対に、500円玉を入れられるだけ入れた後、1円玉を入れようとすると、結構な量が入ります。500円玉は大きいため、間にスキマが生まれやすく、1円玉の小ささであれば、そこに入り込むことができるからです。

同じ容積なのに、入れる順番を変えると入る量（結果）も変わるというわけです。

仕事も同じです。

1日24時間という時間を変えることは、誰にもできません。

この限られた時間を有意義に活用するには、まとまった時間、高い生産性が必要な仕事を先に片づけ、さほど手がかからない仕事を合間に片づけるほかないのです。

仕事が早く終わる人は、まず大きな仕事をする「まとまった時間」を確保します。

そして、大きな仕事と大きな仕事の間のスキマ時間に小さな仕事を行います。小さな仕事もあらかじめ緊急度順に整理しておき、それに従って手がけていきます。

日中の集中力の高い時間帯に「まとまった時間」が確保できるので、仕事効率も高く、トータルでかかる仕事時間も少なくてすみます。

「先輩やお客様に頼まれたことは断れない……」という方は、言い方を換えることで解決できます。

たとえば上司から、「C社に○○の資料を送っておいて」と声をかけられたとします。それに対して、「今忙しいので後でやります」などと言うと、当然、上司は気分を害するでしょう。しかし、「はい、わかりました。ただ、今は来月のA社のコンペの準備をしているので、16時頃にお送りするのでもいいでしょうか」と言えば、コンペの重要性を上司も理解していますから、「もちろんいいよ」と納得してくれるはずです。

「まとまった時間」の確保から仕事は始まる。覚えておきましょう。

仕事が
早く片づく
ポイント

まず「時間がかかる仕事」に手をつけよう

No.03

仕事が

早く終わる人はスタートダッシュし、終わらない人はラストスパートする

提案書や企画書の作成などのクリエイティブな仕事や、新人の採用計画などといった長期間を要する仕事は、つい後回しにしてしまいがちです。

締め切りが近くなると慌てて仕事を進めます。つまり、追い込まれないとやらないし、追い込まれたら猛スピードで仕事を仕上げる。このような仕事のやり方をする人を「ラストスパート型」と言います。

「期限に間に合っているのだから問題ないじゃないか」と思うかもしれません。

しかし、ラストスパート型にはリスクがあります。

なぜなら、次のようなケースが起きる可能性が高いからです。

・締切直前につくり始めた企画書が、上司が求めている方向性とまったく違っていた。やり直すために徹夜になってしまった。
・いつもお願いしているデザイナーは2営業日で納品対応してくれるうえにクオリティも高い。しかし、連絡したら長期休暇中だった。仕方がないのでインターネットで選んだデザイナーに依頼した。すると、納品までに日を要し、お客様との締切に遅れてしまった。コストもかなりオーバーし、クオリティもイマイチだった。
・いつもは2週間前でも予約ができる宿泊施設が埋まっていた。同じ町ではどこも予約が取れない。どうやら他のシンポジウムと重なったようだ。仕方がないので離れた別の場所に宿泊することになり、関係者に迷惑をかけた。

早くから仕事に取りかかっておけば、このような問題は起こらないでしょうし、仮に何かあっても、対策を打つことができます。つまり、スタートダッシュで仕事をすることで、仕事量が減るというわけです。

ギリギリで仕事を仕上げる人には、次の3つの要素があります。

1．ギリギリが快楽になっている

ギリギリの状態が好きで、追い込まれることがモチベーションになっている人です。

学生時代にテストの前にやった一夜漬けに快感を覚えた、締切前最後の1週間は睡眠3時間で仕事を仕上げた、ということが快楽なので、ギリギリまで手がけないのです。

2．大きな塊にパッケージされたままである

「B社に提案する企画書を作成する」「セミナーの準備をする」など、大きな塊で仕事を考えるので、なかなか手をつけられない人です。

たとえば「B社の企画書を作成する」仕事がある場合は、「先方が何に響くかを考え、コンセプトを書き出す」「企画書の概要を書き出す」「目次を作成する」「スケジュールを立てる」などと、小さな塊に分解して着手すれば、それぞれはさほど大変ではありません（このように大きな塊を小さく分解することを心理学用語で「チャンクダウン」と言います）。

ところが、大きな塊のままで考えるので、何から手をつけていいのかわからず、

「どうしたらいいかわからない。今はそれより締め切りの早い緊急性のある仕事をやっておこう」と、後回しにしてしまうというわけです。

しかし、心の中では「あの仕事をやらなければ」と、ずっと気になっています。その思考のノイズが集中力を阻害し、結局、先に手がけた仕事のパフォーマンスも上がらず、終わりが見えなくなってしまうのです。

3．未来の自分に期待している

先延ばしをする人の口癖は、「後でやる」です。

「後でやる」という気持ちの裏には「後でならできる気がする」「時間がたてばできるようになっているはず」という気持ちがあります。

後でやったところで、ほとんど状況が変わらない「今」が再びやってくるだけです。

人は、未来は常に今よりも良く、未来の自分は常に今の自分よりも有能になっていると思いがちな傾向があります。しかし、それはただの錯覚にすぎません。

仕事を阻害する大きな要因の1つは、「着手しない」ことです。

複雑な仕事や長期間を要する仕事は、着手しただけで、半分は完了したと言っても過言ではありません。

先延ばしには、何の意味もありません。

先延ばしした時点でスパートをかけるのなら、そのエネルギーを前倒しして、スタートダッシュをかけたほうが集中できますし、仕事にかかる時間も短くなります。

大きな塊を小さな塊にチャンクダウンしながらスケジュールを立てて、全体の流れを把握する。そして、小さな塊から手をつける。

仕事が発生したら、すぐに分解して手をつけましょう。

仕事が
早く片づく
ポイント

スタートダッシュのために、まずはチャンクダウン！

No.04 仕事が

早く終わる人は出社したらまずコーヒーを淹れ、終わらない人は即メールをチェックする

セミナー等で「出社したら最初に何をしますか？」と聞くと、メール対応と答える人が大半です。

実は、メールのチェックをいつ行うかで、仕事の進み具合は大きく変わります。

朝いちばんの仕事がメールのチェックというのは、仕事がいつまでも終わらない人の特徴です。

1通あたりの所要時間はたいした長さではないかもしれませんが、全部となるとそこそこの時間がかかります。中には長文のものがあったり、返信するのに調べなければならないものがあったり、返信後すぐに相手から返信がありラリーのようなやり取

りになってしまったり――。気づけばお昼になっていて、午前中にやろうと思っていた仕事がまったくできなかった、なんてこともよくある話です。

朝、それも出社したばかりの時間は、まだ頭がフル回転していません。

十分な準備ができていないままメール対応に入ってしまうため、だらだら対応になってしまい、このような事態が起きてしまうのです。

仕事が早く終わる人は、朝出社したら、まずコーヒーを淹れます。もちろん、コーヒーでなく紅茶でもミネラルウォーターでも構いませんし、ストレッチをするのでもいいでしょう。

要は、仕事に入るための儀式を行うのです。

儀式というと、ちょっと大げさに聞こえてしまいますが、頭や心の状態を仕事モードに切り替えるための行動をするということです。

意識して切り替えを行うことで、1日のよいリズムをつくり出すことができます。

仕事モードに入ってからメールをチェックすると、今対応すべきものか、少し後でも大丈夫なものかなどが判断できるようになります。

オススメは、緊急度が高いメールには即対応し、それ以外は、スキマ時間に随時対応していくこと。

朝は、頭もクリアで生産性が高いうえに（しっかり前日休んでいれば、ですが）、電話もさほどかかってきません。

この貴重な時間は、企画の立案などのクリエイティブな仕事や、中期販売計画の検討などの考える仕事に充てるのが賢い働き方です。頭がスッキリしている分、サクサク仕事が進み、予定していたより大幅に少ない時間で終えられることもあり得ます。メール対応に費やすなんて、もったいありません。

最近はＳＮＳやMessenger、ＬＩＮＥなどでやり取りすることも増えつつあるとはいえ、やはりビジネスの基本ツールは電話とメールです。１日に何十通、多い人だと何百通も届くことでしょう。１件１件メールを返信するだけで、かなりの時間を取られます。

メールが来たら、できるだけ早く返信できるように、常にメールソフトを開いておき、受信がその都度わかる状態にしている人がいますが、これはオススメしません。ポップアップが表示されるたびに、気になって集中できなくなってしまうからです。

企画書や報告書の作成など、クリエイティブな仕事をして波に乗っている最中に、仕事を中断してメールチェックや返信対応を繰り返し行っていると、元の集中していた状態に戻ることはなかなかできません。

私は、中断された仕事の集中力が切れた後、元の状態に戻って波に乗るまでにかかる時間を「再起動時間」と呼んでいます。この再起動時間を1回につき5分とすると、10回中断すると約1時間になります。

仕事を中断することで、これだけ損をしているのです。

では、メールが届いてから、どのくらいの時間で返信すればいいのでしょうか。

一般的に、ビジネスにおけるメールの返信の時間は24時間以内でいいと言われています。ただし、締切のあるメールなどは、当然、内容に合わせましょう。

まれに緊急の案件をメールで連絡してくる人もいるので、注意が必要です。

メールチェックは、自分の中で基準（ルーティン）を設けておくといいでしょう。

たとえば、集中力の限界と言われる50分を1つの基準にして、在社している場合は50分おきにメールをチェックするのです。

集中力が切れると仕事の効率も落ちてくるので、メールの返信は気分転換にもなるでしょう。

ただし、ルーティンワークにしたからといって、メール対応自体を「処理」と考えてはいけません。1つのメールを3分で返信しようなどという発想は、間違った「効率重視」です。

かつては私も、メール対応を「処理」であると考え、いかに早く返信するかに重きを置いていました。しかしその結果、A社に送るはずのメールをB社に送ってしまい、大きなトラブルを引き起こしてしまったことがあります。

メールはミスが起こりやすいうえに、電話や口頭と違って証跡《しょうせき》として残り、場合によっては、ミスしたものが正式となってしまうこともあります。

さらに、こうしたミスを冒すと、その対応に大変な時間を取られてしまいます。

なお、何でもメールですませようとする人もいますが、文章でうまく説明できない時は、相手に間違って伝わる恐れがあるので、電話をしたほうがいいでしょう。

電話で先に説明し、相手の意向、質問等を確認してから、その内容をメールで送る、もしくはメールで詳細を送った後で、確認の電話を入れるなど。

言葉でフォローすることで、理解のズレを防ぐことができます。

場合によっては、面談がもっとも効率的なケースもあるので、どのようなコミュニケーションがベストかを検討して対応するようにしましょう。

仕事が早く片づくポイント

メールのチェックは50分おきでいいと決める

〔仕事が早く終わる人のメール術〕

自分の時間、さらには相手の時間を無駄遣いさせないために、仕事が早い人が気をつけているポイントです。

どんどん活用してください。

- 書き出しの文「いつも大変お世話になっております」「早速のご連絡ありがとうございます」、結びの文「どうぞよろしくお願いいたします」などは単語登録しておく
- 書き出す前に5W2H（74ページ）を確認し、伝えもれがないようにする
- 件名に社名や用件を入れて相手にすぐ判断してもらえるようにする
- 1回につき1つの用件にする
- 箇条書きを使う
- 環境依存文字は使わない
- 署名に電話番号を入れておく
- 35文字前後で改行を入れる
- 3行程度ごとに1行空きを入れる
- 2通り以上の解釈をされる可能性のある言葉は使わない（今週中→○日）
- アポイントの候補日は3～5つ提案する
- 複数の用件に返信をする時は相手からの文面を引用する
- 引用部分に誤りがあったとしても、勝手に修正せず、引用元の通りにする

No.05

仕事が

早く終わる人のスケジュール帳は真っ白、終わらない人のスケジュール帳は真っ黒である

BさんとCさんは、広告会社の営業部で働いています。

Bさんはいつも朝から夕方まで、お客様とのアポがびっしり、スケジュール帳は真っ黒です。

帰社後は、企画の立案やら見積書の作成やらで、夜遅くまで残業する毎日。にもかかわらず、18時に「明日の朝までに見積もりを作成してくれ」といった、無理な依頼があっても断ることなく対応します。無理を重ね続け、慢性的な睡眠不足に。

ところが、どんなに仕事に励んでも成果が上がらず、Bさんは、ますます仕事に没頭していきました。

そんな時に来たのが、大口の企画の依頼です。

この仕事に取り組むには、残業時間をさらに増やすしかありません。Bさんは限界まで頑張りましたが、睡眠不足による疲れから、ニーズのヒアリングミスを起こしてしまいました。

その結果、お客様のニーズとまったく異なる企画を提案。せっかく決まりかかっていた仕事でしたが、他社に取られてしまったのです。

Bさんの評価は散々になったうえ、信頼を失い、体調まで崩してしまいました。

一方、Cさんは、Bさんと違いスケジュール帳には白い部分が目立ちます。

1週間のうち2日は何も予定を入れず、自由に使える、いわゆる「サボり時間」を確保しているためです。

サボり時間があるので余裕があり、他部署や上司から急に頼まれた仕事でもきちんと対応しています。いい話が来たら対応できる余地を残しているのです。

特に何もない時は、企画書のブラッシュアップや魅力的なキャッチコピーを探したりする時間に充てます。また、ほとんど定時に帰っているので、コピーライティングのスクールやジムに通ったりもしていました。

その結果、知識が増え、いい提案ができるようになったのでお客様からの評価も上がり、社内での評判も良く、周りからの評価がどんどん上がっていきました。

そして、大きな仕事、重要な仕事を割り振られるようなったのです。

Bさんのように常に予定を入れておかないと不安、何かしていないと不安という人はたくさんいます。

スケジュールはすでにいっぱいであっても、断ることができず、すべてを引き受けて、キャパシティをオーバーしてしまう。

でもこれでは、仕事の質も落ちますし、余裕がなくなります。

さらに余裕がないと、他人との関係も悪くなってしまいます。信頼を失うこともありえます。まさに悪循環です。

社内が相手でも、いつでも何でも仕事を引き受ける人はたいてい評価が高くありません。〝便利屋〟とすら思われてしまっています。

常に仕事で追われ、それで失敗すれば、評価は当然下がる。良いことは何もありません。

しかし、生産性のない仕事を増やして自分の首を絞めるのは、ナンセンス。

勇気を持って、意図的な「サボり時間」を確保するようにしましょう。

仕事が早く片づくポイント

スケジュール帳をあえて真っ白にしよう

No.06

仕事が

早く終わる人は意識的に休憩を取り、終わらない人は休憩を取らない

仕事が波に乗ってきて、なかなか休憩を取る気にならない。

そんな経験はありませんか。

私も、執筆に没頭している時は、休憩を取るのを忘れてしまうことがあります。その時はアドレナリンが出ているので平気なのですが、さすがに3時間以上続けて作業をしていると限界がきて休憩せざるをえなくなります。

実は、こういう休憩の取り方をすると、その後の仕事のペースが大きくダウンします。

これは脳が疲弊したためです。適度に休憩を取って脳を休ませなければ、集中力やパフォーマンスはどんどん落ちていきます。

その結果、トータルで考えると、1日の生産性は通常より低くなってしまいます。仕事に集中していると、中断するのがもったいないと考えがちですが、実はそういう発想こそ、いつまでも仕事が終わらない要因になるのです。

仕事が早い人は、「ポモドーロテクニック」を使い、意識的に休憩を取るようにしています。

「ポモドーロテクニック」とは、イタリア出身のコンサルタントが考え出した時間管理術です（ポモドーロとはイタリア語で「トマト」のこと）。有名なIT企業のCEOやビジネスエグゼクティブなどが活用しています。

まず、25分間仕事に集中したら5分間休憩を取る。その後また25分間仕事をし、5分間休憩を取る。これを繰り返す方法です。

「ポモドーロテクニック」を実践することで、目の前の業務に集中でき、集中力を切らさずにいられます。

「疲れたら休憩」ではなく「疲れる前に休憩」を意識的に取り入れることで生産性を

高めているのです。

「ああ、疲れたな」と感じた時点で休んでも、なかなか復活できません。しかし、疲れる前に休めば、なかなか疲れなくなります。

具体的にはタイマーをセットして25分間仕事に集中したら、強制的に椅子から立ち上がるようにします。

椅子から立ち上がり、ひと息ついたら、歩き回ります。

コーヒーを淹れたり、アメをなめたりするのでもいいでしょう。机の上の整理をする、音楽を聞く、キーボードの汚れを拭くなども効果的です。

また、休憩中は、思考を止めます。

スマートフォン（スマホ）を見ながら休憩を取るのは避けましょう。スマホの画面を見ると交感神経が優勢になり、むしろ疲れを増長させてしまうからです。

「25分でタイマーが鳴った時点では、仕事のキリが悪かった。休憩を入れるとかえって不効率ではないか」と思う人もいるかもしれません。

しかし、キリがよい時点で仕事を中断するより、キリが悪い時点で中断したほうがいいのです。キリが悪いほうが、仕事を再開する時にすんなり入れるからです。

キリがよいということは、次に新しいステップに踏み出すタイミングということ。これだとかえってスムーズに仕事を再開できないのです。

なお、ポモドーロテクニックでは25分を区切りの時間にしていますが、これには個人差があります。ですから30分でも45分でも、自分が集中できる仕事のリズムに合わせて区切りをつければいいでしょう。

大切なのは、トータルの作業効率を高めるために、意識して休憩を取ることです。

仕事が早く片づくポイント

ポモドーロテクニックを使って定期的に休憩する

No.07

仕事が

早く終わる人は1人で昼休みを過ごし、終わらない人はみんなとランチに行く

D子さんとE子さんが勤める職場では、同じチームの女性みんなでランチを食べる習慣があります。

D子さんは、会社の人とコミュニケーションを取るためにできるだけ一緒にランチに行くようにしています。

食べ物には人をリラックスさせ、緊張を解く効果があるので、みんなとご飯を食べながら話すことは、人間関係を構築するのにも適しています。

また、「食」という快楽や充足感を得る行動を一緒にした相手には好感を持ちやすいという「ランチョンテクニック」という心理的効果もあります。政治家が大事な取

引をする時、会議室ではなく料亭を使うのは、この効果を狙っているのです。

会社によっては、上司に部下とランチに行くことを推奨しているところもあります(実際は、少人数か1対1でないと真剣な話はできないので、上司の自己満足になりがちですが)。

ところがある時、D子さんがランチの誘いを断っているのを見かけました。理由を聞いてみると、会話の内容が心地よくないとのこと。どうやら、ランチに参加していないメンバーや上司の悪口が飛び交っているというのです。

実は、ランチにはいろいろな良い効果があるのですが、毎回、同じメンバーと行くのは、あまりオススメできません。

毎日のように一緒にいると、変な連帯感が生まれ、その場にいない人、会社であれば同僚や上司の悪口や会社に対する批判が少なからず出てくるようになるからです。

一方、E子さんは、あまり会社のメンバーとランチに行きません。毎回ランチを断るのはどうかと思い、週に1回くらいは付き合いますが、それ以上はありません。また、違う部署の人と交流するためにランチに行くこともありますが、それも月に1、2回ほどです。

ほかの日は、資格試験や英会話の勉強など、自己投資の時間に充てています。世の中の変化が激しくなり、ビジネスマンもどんどん学び、スキルアップをしていかないと、その変化に追いついていくことができなくなっています。そのことをE子さんは知っているのです。

日々変化している現代において、現状維持は後退とも言えます。

そのため、良質のアウトプットが必要になります。しかし、それには大量のインプットが必要です。昼休憩は学びの時間に適しているのです。

また、自己投資は「学び」だけではありません。能力を高めることも必要です。

オススメは「パワーナップ」という仮眠を取ることです。

仮眠は、仕事の生産性にすぐに効果をもたらします。

昼食後に15分から20分程度の仮眠、つまりパワーナップを取ると、直後に生産性が高まると言われています。15分のパワーナップは、夜の睡眠3時間に匹敵し、回復した集中力や注意力は１５０分持続します。そのため、欧米では多くの企業がパワーナップを推奨しています。

ただし、30分以上の仮眠を取ってしまうと、深い眠りに入ってしまい、眠気が強まるので、逆効果です。

また、15時以降にパワーナップを取ると、夜の就寝時に寝つきが悪くなります。そのため、お昼の休憩時間にパワーナップを取るのが最適です。

ランチに１人で行くことで、午後のパフォーマンスをアップさせることができるうえに、将来の自分を高めることもできます。

休憩時間も意志を持って、効率的に過ごしましょう。

仕事が早く片づくポイント

１人ランチで「お昼」を最大限に活用しよう

仕事が
うまくまわる
人間関係を
構築する方法

第2章

No.01 仕事が

早く終わる人は雑談を大切にし、終わらない人は私語厳禁とする

仕事中、集中を妨げる雑談はすべきでないと考える人は多いでしょう。

しかし、仕事中は私語厳禁にして、情報交換は会議の場でとなると、形式ばった話しか出てきません。

「変なことを言ってはいけない」と構えて、建前しか言わなくなってしまうのです。建前だけの情報では、物事の浅い面しか見ることができなくなり、それが判断ミスの原因になったりします。

私自身、組織に属していた頃は、日々会議に参加していましたが、振り返ってみると、肩の力を抜いた雑談の中にこそ、仕事のヒントになることがたくさんありました。

それがたとえつまらないことであっても、「だったら、こうしたらどうか」などと、アイデアのタネになることもありましたし、膠着《こうちゃく》した会議の空気を変えてくれたなんてことも、しばしばありました。

雑談を大切にする人には情報がたくさん入ってくるので、そこからアイデアのタネを得たり、課題の発見につながったりするのです。

また、仕事仲間が今、どんなことに困っているのか、どの時間帯が忙しくてどの時間帯が比較的に余裕があるかも、雑談の中で何となくわかります。

相手の都合のいい時間帯に仕事を頼むことができるので、できあがりも早くなりますし、困っていたら助けてあげること、反対に助けてもらえることもできるでしょう。

日頃からあれこれ話し合って人間関係を良好に構築している人から頼まれた仕事を優先し、ろくに話したことのない人に頼まれた仕事は後回し。最低限だけやっておけばいいなどと、思ってしまうのも、人間の性《さが》です。

いかに、言葉を直接交わすことが大切かわかるでしょう。

ちなみに、チラシの封入作業など、手を動かすだけの単純な仕事も、雑談をしながらのほうが速く進みます。シーンとした雰囲気より、会話をしながらのほうがリズムよく仕事ができるため捗《はかど》るのです。

私語厳禁には、冒頭でお話ししたこと以外にも弊害があります。

電話よりメールやSNSでやり取りをするほうが多い今、1日中、ほとんど電話の鳴らない職場もあります。

以前、電話の鳴らないオフィスにお邪魔したことがあるのですが、本当にシーンとしていました。

静まり返っているので、ちょっとした相談をしようにも、皆に聞こえて目立ってしまい、気の弱い人は、なかなか声を出せません。「先輩にちょっと聞きたいな」と思うことがあっても、周りが気になって、結局黙って自分で処理しようとしてミスや間違いが起き、やり直しが生じることも多くなります。

また、シーンとした職場は空気も重くなりがちなので、メンタル不全になる人も少なくないといいます。

多少の雑談はＯＫな職場なら、ちょっとした相談もしやすく、アットホームな雰囲気なので、メンタルも暗くなりませんし、何気ない話をあれこれすることで後輩のモチベーションを維持することもできるでしょう。

雑談によって、若い社員の離職を防ぐことにつながるかもしれません。

雑談が多いと集中できない、たしかにそれも一理あります。

ただ、それ以上に雑談の効用はたくさんあります。

集中できない人は、「この時間は集中したいから話しかけないで」と、率直に言っておけばいいだけです。

雑談はムダで非効率に見えますが、実は仕事をスムーズにしてくれる潤滑油なのです。

仕事が早く片づくポイント

おいしい情報は雑談の中にある

No. 02

仕事が

早く終わる人は良いところ探しが得意、終わらない人は悪いところ探しが得意である

Ｅさんは、営業成績が良く、とても仕事ができる人でしたが、社内のアシスタントや他部署の人に対する不満をよく口にしていました。

「○○さんは誤字脱字が多い」
「○○さんの作成する企画書はありきたりだ」
「○○さんは思いつきでモノを言う」
「○○さんの話はわかりにくい」
「○○さんは新しいことをやろうとしない」

仕事ができるEさんからすると、他人の悪いところが目についてしまうのでしょう。だからと言って、言われるほうは、たまったものではありません。不満を言われた人たちはEさんに腹を立てているので、Eさんに仕事を頼まれても常に後回しのうえに、必要最低限の対応のみのやっつけ仕事でミスも多く、Eさんがやり直さなくてはならないこともしばしばあり、それだけでもかなりの時間を取られます。

Eさんはいくら仕事をしても終わらない状態になってしまったのです。

一方、仕事がとても早いFさんは、常に相手の良いところを探し、伝えています。褒められてうれしくない人はいません。Fさんは仕事で関わる人たちと良好な人間関係を築くことができ、仕事も順調に回せています。

「人の良いところを探し出すなんて難しい」、そう思う人もいるかもしれません。人間の習性として、悪いところに目が行きやすいからです。

人の悪いところと良いところは表裏一体です。

（悪い）思いつきでモノを言う　↓　（良い）発想力が豊かである
（悪い）新しいことをやろうとしない　↓　（良い）慎重だ
（悪い）無口だ　↓　（良い）聞き上手だ

視点を変えると、悪いところを良いところに変換することができるのです。このように短所を長所に変換することを、心理学用語で「リフレーミング」と言います。

もちろん、リフレーミングが難しいものもあります。

リフレーミングで見つけられない場合は、できて当たり前のことでもいいので相手の他の強みを探し出しましょう。

「〇〇さんの話はわかりにくいが、ひらめきは豊かである」
「〇〇さんは人見知りだが、エクセルはプロ級だ」
「〇〇さんはあまり発言しないけど、企画書のタイトルを付けるのがうまい」など。

もし、仕事に関する強みが出てこなかったら、「笑顔がいい」「朝の挨拶が気持ちいい」「服のセンスがいい」「素直である」などでもいいでしょう。

ちなみに、褒め言葉は、第三者を介して伝えたほうがより効果的です。第三者を介して褒め言葉が伝わると、褒められた人は、「あの人がそんなことを言ってくれていたのか」と、よりうれしく感じます。お世辞ではなく本当にそう思ってくれているから、第三者に言ってくれたのだと思うからです。

以前、勤めていた職場に、無口で挨拶もろくにしない人がいました。周りの人たちは彼のことを苦手としていたのですが、私は、あえて彼の良いところを第三者に伝えるようにしました。すると、ある時からその彼が笑顔で挨拶をしてくれるように。さらに、ややこしい仕事を頼んでも、素直に対応してくれるようになりました。

人は自分を褒めてくれた相手に対して好感を抱き、仕事も早く対応してくれます。

時には、喜んでもらおうと、無理をしてくれることもあるでしょう。

良好な人間関係を構築することは、仕事をうまく回すコツでもあるのです。

仕事が早く片づくポイント

リフレーミングを使って第三者経由で伝える

No. 03

仕事が

早く終わる人は自分の失敗談を語り、終わらない人は自分の成功経験を語る

自分の成功体験や自慢話ばかりする人がいます。

そういう人は、ミスや失敗について決して話しません。ミスや失敗をしたことが知られたら、自分の評価が下がると思っているからです。

その裏には、仕事に対する自信のなさがあります。

「すごい人」「できる人」と思ってもらうことで自信のなさを埋め合わせようと、成功体験や自慢話をし続けるのです。

でも、成功話、自慢話ばかり聞かされるのは誰だって嫌なもの。

自慢話が始まると「また始まった」と耳を傾けなくなります。また、話しかけると

自慢話地獄にはまってしまうからと、適度な距離をとって接するなど、人が次第に離れていき、それに伴って情報が入ってこなくなります。

仕事は情報が命ですから、これは良い状況とはいえません。

さらに、率先して手伝ってくれる人もいないため、一人で仕事を抱え込まざるを得なくなり、仕事がいつまでも終わりません。

一方、仕事が早く終わる人は、自分の失敗談をどんどん話します。

「自分で自分の評価を落としてどうするのか」と思うかもしれません。

でもそれはむしろ逆で、次のようなメリットがあります。

1．親しみを持ってもらえる

「○○さんですら、こんな失敗をするんだ。自分らと変わらないんだ」と親しみを持ってもらえたり、「自分も1回くらいの失敗でしょげている場合ではない」と奮起したりします。

あなたがリーダー、もしくは後輩の教育係であればなおさら、自身の失敗経験を話す効果は高いでしょう。

2. 他の人が同じ失敗を繰り返すリスクを回避できる

失敗談を話すことで、「こういうことをすると、失敗をする可能性があるんだ」と相手が理解します。まじめに言葉で注意するより効果的です。

あなたがリーダーであるなら、チームの経験値も上がり、失敗のリスクに対して、個々が注意を払うようになります。

また、失敗を自己開示することで、他のメンバーも失敗を自己開示してくれるようになります。

結果、リスク回避の方法をチーム内で共有できるようになるでしょう。

ただし、失敗を自己開示するといっても、あまりにも衝撃的な失敗や人格を疑われそうな失敗について話すのは避けたほうが無難です。

「この人、大丈夫かな」と、不信感を抱かれる恐れがあります。小さな失敗や、失敗に至らなかったけどヒヤリとした経験がいいでしょう。

アメリカのハーバード・W・ハインリッヒ氏が提唱した労働災害の経験則に「ハインリッヒの法則」があります。

1つの重大な事故の陰には29の軽微な事故があり、その背景には300のヒヤリとする事象が起こっている、というものです。

実際、重大なミスが多発する前には、数々の予兆があります。

ヒヤリとした失敗は多くの人が経験することでもあり、共感を得やすいのです。

失敗を他人に話すといった「失敗との付き合い方」は、人間関係の距離を縮めるうえでも、カギを握っているのです。

仕事が早く片づくポイント

ヒヤリとした失敗は自分から積極的に話す

No.04

仕事が

早く終わる人は「何を言ったのか」を重視し、終わらない人は「誰が言ったのか」を重視する

人は情報を受け取る時、「何を言ったのか」より「誰が言ったのか」を重視する傾向があります。

たとえば、Wというサプリメントがあったとします。

白衣を着た中年男性に「Wは健康に悪いからやめたほうがいい」と言われるのと、Tシャツにジーンズ、金髪姿の若者に「Wは健康にいいからどんどん摂取したほうがいい」と言われるのとでは、あなたはどちらを信じますか？

おそらく白衣を着た中年男性の言葉を信じるでしょう。

企業がこぞってカリスマ経営者や人気タレントを高額のギャラを払ってまで広告塔

として起用するのも、「誰が言ったか」を重視する人がいかに多いかを示しています。

これは、仕事でも同じです。

会社の中には必ず意見が通る人がいます。

自分の意見の根拠を常にしっかり示せる信頼度の高い人のほかに、地位の高い役職の人、声の大きな自己主張の強い人、言葉が巧みな人、立ち回りの上手な人たちも、該当するかもしれません。

しかし、「誰が言ったか」を重視しすぎるのは非常に危険です。

以前、ある会社の製品管理部で、作業手順をより効率的に変えるためのミーティングがありました。

基本的には現状の手順を踏襲して一部を変更するという内容のF案と、手順を大幅に組み替えるという内容のG案を検討することになりました。

ベテラン社員の提案であるF案を強く支持したのはM課長でした。

「作業手順を大幅に組み替えると何人かの社員が不慣れな仕事をすることになるうえ、

混乱が生じるからF案が良い」

一方G案は、若手契約社員Hさんの提案でした。一部の若手社員は「G案がいいのでは」と恐る恐る発言したのですが、結局、「課長が言っているのだからF案が妥当ではないか」という雰囲気になり、F案を製品管理部長に提出することになりました。

ミーティングの翌日、製品管理部長はM課長を呼び出しました。

「M君、なぜF案になったのかな？　G案のように手順を大幅に組み替えれば、作業時間を25％減らすことができるし、余剰人員も出る。手が空いた社員には、長く懸案になっている業務をやってもらえばいいじゃないか」

製品管理部長はF案もG案も資料をしっかり読み込んでいたのです。

M課長はこう答えるしかありませんでした。

「ベテラン社員が考えたF案のほうがもっともだと思ったものですから――。G案は、若い契約社員のHさんの案だったので」

「M君、誰の案かは関係ない。問題は内容だろう！」

M課長は製品管理部長から厳しく叱責されたそうです。

「誰が言ったか」に囚《とら》われてしまうと、常に同じ人の意見が優先されるなど、意見が偏ってしまい、正しい判断ができなくなってしまう恐れがあります。

判断を誤ると正しい状態に戻すのに、余計な時間と手間暇が生じます。

仕事が早く終わる人は、「何を言ったのか」、発言の内容を重視します。

「この人は経験が浅いからダメ」「あの人は論理的ではないからダメ」と切り捨てるのではなく、いい意見ならどんどん取り入れるのです。

いいアイデアは、誰が持っているかわかりません。

そこに、経験や年齢、人格は必ずしも関係ありません。

普段どんなパフォーマンスが悪い人が言ったことでも、内容がよければ採用する。

それが仕事の効率をアップし、時間短縮を実現するコツの1つです。

仕事が早く片づくポイント

人の意見は「何を言ったか」を重視しよう

No.05

仕事が

早く終わる人はひと息ついてから報告し、終わらない人は急いで報告する

ビジネスパーソンたるもの、ミスや失敗、悪いことが起きた時は、「できるだけ早く」上司に報告する必要があります。放置してしまうと、より状況が悪化しかねないからです。

しかし、悪い出来事が起きたからといって、「急いで」報告するのも考えものです。

「え？　何を言っているんだ？」と思った人もいるかもしれませんね。

もちろん、「できるだけ早く」報告すべきですが、「急いで」する必要はないのです。

とりあえず行う報告は、事実関係その他、必要最低限の情報が揃っていないため、要領を得ない内容になる可能性が高いからです。

特に、悪い報告をするときは、気ばかり焦ってしまい、内容の抜けや漏れがあったり、あるいは事実と意見が混同した間違った情報を伝えてしまったりする場合も多いものです。

それでは、報告された相手もどう動くべきか判断できません。場合によっては、情報が不足しているために間違った解釈をしてしまい、誤った判断を下してしまうことだって起こり得ます。

また、よくわからないからと悩んでいても時は過ぎていくばかり。「急いで」報告した意味がありません。

報告は「早さ」だけが命、ではないのです。

仕事が早い人は、ある程度の情報が揃った段階で「できるだけ早く」きちんとした報告をします。

悪い出来事の連絡を受けたら、その時点で収集できる情報をできるだけ多く集め、確認し、状況を整理してまとめてから上司に報告します。

そうすることで、上司も情報を整理しながら話を聞くことができ、判断のスピードが速まるばかりか、間違った指示を出さずにすむというわけです。

最初の報告の前に集めるべきことは、次の3つです。

1．ミスの内容や経緯、起こった理由
2．上司にどのように動いてほしいか（どのような対策を取ったらいいのか）
3．最悪のケースはどうなるか

これらを5W2H（When・いつ／Where・どこで／Who・誰が／Why・なぜ／What・何を／How・どのように／How much・いくら）でまとめてから伝えましょう。

たとえば、取引先が配送先を間違えたため、納品すべき商品が期日までに届かないというトラブルが生じたとします。

1．ミスの内容や経緯、起こった理由

先日、取引先に納品すべき商品を1万個手配した。しかし、配送先を間違えてし

まった。倉庫にある在庫は1万個未満のため、期日までに満数を送ることができない。
（理由）配送先の住所が見当たらず、昔の名刺の住所に送った

2．上司にどのように動いてほしいか（どのような対策を取ったらいいのか）

残っている在庫をできるだけ早く取引先に送る許可がほしい
取引先への謝罪に同席してほしい

3．最悪のケースはどうなるか

商品1万個のキャンセル／年平均3000万円の取引の解消／信用が落ちる

このように簡潔にまとめて伝えることで、上司も全体を鑑みて対応をどうするか判断でき、お客様への対応も早くなるのです。

仕事が早く片づくポイント

悪い出来事は、ポイントを押さえてできるだけ早く報告しよう

No.06

仕事が

早く終わる人は思いやりを重視し、終わらない人は効率を重視する

Iさんは、いかに効率よく進めるかを重視して仕事を進めるタイプです。そのため、社内外に限らず、仕事を頼む時はいつもメールで依頼します。

メールはいつでも送ることができ、好きな時にチェックしてもらえる、相手の時間を奪わない便利なツール。

また、後々まで残るので見返すこともできますし、証跡となるので、後で「言った・言わない」のトラブルを回避できることから、相手にとっても、自分にとってもよい方法だと彼は考えていたのです。

そんなIさんは、より効率的に仕事をしようと、過去に送ったメール文書をフォー

マット化し、アレンジして使うなど、環境も整えています。いちいち考えながらメールを打つより断然手間も時間もかからないので、大きな時間短縮となる……と。

ところが、Iさんの思惑が外れ、彼の仕事時間はどんどん増えてしまったのです。相手にこちらの要望がうまく伝わらず、求めていたものと違う書類（成果物）が上がってくるという事態が頻発。再度、メールを送ってやり取りもしたのですが、結局、自分で書類を作成し直さなくてはならなくなり、時間を取られたことが何度もありました。

いったい、どうしてこのようなことになってしまったのか。

気になって、Iさんのメールを見てみると、文面が命令調でややきつい印象を受けました。メールを受け取った側からすると、気分を害してもおかしくないと思うような箇所も。

おそらく相手はIさんからの依頼に対し「喜んで！」という気持ちにはならず、場合によっては、嫌な気持ちになりながらも仕方なく引き受け、Iさんの仕事を後回しにしていたのかもしれません。

こうしたミスコミュニケーションは、実はよく起きています。

ビジネスのメールは、基本的にテキスト文字だけのやり取りです。

文字としてわざわざ記さなければ、送り手の情報や環境は相手には伝わりません。

言葉遣い、言葉の選び方から、相手の印象が確立されてしまいます。

Iさんは効率的な仕組みをつくった結果、信頼関係をつくる場がなかったために、意思の疎通、想いの理解が成り立たなかったのでしょう。

Iさんの同僚Jさんは、定期的に相手と顔を合わせて打ち合わせをしています。

もともとはJさんもメールに頼っていたのですが、メールが得意でないことから、何度もやり取りをする相手、またやや手間がかかるような仕事を依頼する相手には、できれば対面、遠方の場合も一度は電話でコミュニケーションを取るようにしました。

また、メールの書き方に悩んだ時は、すぐに電話をかけて直接話すようにしました。

すると、以前より、やり取りに要する時間が減ったのです。

直接会話をすることで相手との信頼関係も生まれ、お互いの感覚も共有でき、お互いを思いやりながら仕事を進めるため、スムーズに運びます。

コミュニケーションのエラーもほとんどなくなり、やり直し、ましてやJさんのほうでつくり直しなんてこともほとんどありません。

効率をあきらめたはずなのに、結果的に、仕事が非常に早くなったのです。

ちなみにJさんは、出張から帰ると、いつも仕事を依頼している部署にお土産のお菓子を持っていって、それぞれのメンバーに「いつもの御礼です」と、直接手渡しをしています。これも、Jさんが多少の無理難題を言っても、スムーズに対応してもらえる理由の1つでしょう。

お土産のお菓子は1500円前後。1500円前後でコミュニケーションが良好になって、仕事が進めやすくなると考えれば、とても安い投資です。

効率より思いやりのほうが、最終的には仕事時間が短くなるのです。

仕事が
早く片づく
ポイント

相手のある仕事では、常に思いやりを重視しよう

No. 07 仕事が

早く終わる人は自分と他人をしっかり分け、終わらない人は困っている人を助けようとする

Kさんは、同じ部署の後輩であるLさんが、最近いつも機嫌が悪く、イラついていることが気になっていました。

別の部署のEさんに仕事のことで声をかけられた際も、煩わしそうな対応をしています。表情も暗く、もしかしたら抱えている仕事が多すぎるのではないかと心配になったKさんが、「何か困っていることない?」「手伝うことない?」と声をかけても、Lさんからは「大丈夫です」としか返ってきません。

先輩として責任を感じたKさん。数日後、Lさんを強引にランチに誘ったのですが、「すみません。午後イチで送らなくてはならないメールがあるので、お弁当で済ませ

ます」と、これまた断られてしまいました。

Kさんは、Lさんをどうしたら助けてあげられるか、どうしたら元気に仕事ができるようになるかを考え、ある日、Lさんのいない間に、Lさんが担当しているクライアント（以前はKさんが担当していた）への文書を代わりに作成して、デスクの上に置いてみました。

すると、帰社してそれを見たLさんは、感謝するどころかKさんに文句を言ってきました。

「何ですかこれ、余計なことしないでください！」

よかれと思って、Lさんが少しは楽になると思って、2時間もかけてつくったのに、感謝はおろか迷惑だとは……。

2時間をムダに使ったと、Kさんはすっかり悲しくなってしまいました。

そんなKさんを見かねてか、上司がこっそり、Lさんはプライベートのことで悩んでいると教えてくれました。Lさんの様子がおかしかったのは、仕事が多すぎるといった要因ではなかったのです。

よかれと思ってやってきたことは、完全にKさんのおせっかいでした。

では、職場で困っていそうな人がいる場合、どう対応するのがいいのでしょうか。Kさんのように、「何か助けてあげなきゃ」とあれこれ考えて踏み込むのは、相手からすると迷惑な「おせっかい」になりかねないため、解決に至りません。

「よかれと思って」という善意かもしれませんが、思い込みで動くため、往々にして相手を不快にさせてしまうことがあります。さらに困っている人のためだからと、大事な仕事時間をどんどん削ることで、仕事はどんどん溜まっていき、気づけば自分が困ってしまうということになります。

仕事が早く終わる人は、職場や対人関係で起こった問題は「これは、いったい誰の課題か?」「その課題の最終的な責任は誰にあるのか?」と、「自分の課題」と「相手の課題」を分けて考え、そのうえで行動をとります。

私はこのことを「分離型思考」と言っています。

分離型思考を適用すると、相手が不機嫌であったり、イライラしたりすることは、相手の課題であって自分の課題ではないということに気づきます。

自分の課題とは、自分だけが改善に取り組むことで解決できるものです。

たとえば、次の5つは「自分の課題」と言えるでしょう。

・お客様への提案書の作成に時間がかかってしまっている
・アポイントを入れすぎて、今週は事務作業をする時間を取れなかった
・上司から頼まれた予算計画書の提出期限に遅れてしまった
・お昼すぎに眠くなってしまい、作業のスピードが遅くなる
・作成した作業指示書に間違いがあり、不良品が発生した

Lさんがイライラしているのは Lさんの問題であって、その問題の原因はほかの人にはわかりません。仮に仕事が多すぎることが要因だとしても、Lさんの問題です。その多忙を乗り切った時に、Lさんは大きく成長しているかもしれないのです。

身近な人が不機嫌にしていたり、イライラしたりすると、それを自分の責任と考えてしまう人は少なくありません。

特に相手が上司や先輩なら、なおのこと気になるでしょう。

しかし頼まれた、相談を受けたなどという理由でないなら、相手の不機嫌やイライラは相手の課題です。

自分とは切り離してしまいましょう。

仕事が早く片づくポイント

自分の課題と相手の課題を分けて考える

No.08 仕事が

早く終わる人は「嫌われてもいい」精神、終わらない人は「嫌われたくない」精神で動く

他社から転職してきたばかりのAさん。

前の会社が倒産したため、期せずして転職活動をする羽目になり、とても苦労した経験から、「もう二度と転職活動はしたくない。新しい職場でうまくやっていきたい」と考え、「誰からも嫌われたくない。それには、できるだけ他の人の役に立つようにしよう」と常日頃から、心の中で強く思っていました。

Aさんの主な仕事は、営業マンから依頼を受けて提案書や見積書を作成すること。依頼書を営業マンから受け取ったら、3営業日後の朝までに企画書を作成する、これが基本ルールなのですが、営業マンの中には「大口顧客で急な案件だから早くやっ

てほしい」などと、ルール外の依頼が来ることもたびたびあります。

ルール違反なので、こうした依頼が来ること自体、あってはならないはずなのですが、Aさんは断ることで嫌われるのを恐れ、「これで営業所の売上の数字が上がればいいだろう」と、無理な納期に対応していました。

同じ部署の先輩であるBさんや上司であるC課長からは、「よほどのことがない限りは引き受けてはダメよ」とか、「断ることも必要だぞ」などと何度か注意を受けたのですが、それでも依頼されると断れず、時折、遅い時間まで残業をするなどして、対応し続けたのです。


そんなある時、営業部のメンバーたちとAさんの所属する業務部のメンバーと飲みに行くことになりました。その席で営業部のメンバーに、

「Aさんには本当助かっているよ。ここだけの話、業務部でいちばん頼りになるよ」

などと感謝の言葉を言われたAさん。「引き受けていてよかったんだ。必要としてもらえてうれしい。ルールなんて関係ない。できるだけ売上に貢献するのが仕事だ」

と思いをより強くし、これまで以上に営業マンの希望に応えるようになりました。

すると、依頼がAさんばかりに殺到。夜遅くまで残業しているのを見たC課長は、「あまり無理な納期には対応しなくていいよ」と注意しますが、Aさんは聞き入れません。そこで、「BさんやDさんにも少し仕事を振ったらどうだ」とアドバイスしたのですが、Aさんが変わることはありませんでした。

というのも、AさんはBさんたちの仕事が少ないのは、そもそも2人が忙しく仕事をするのが嫌いだからということ、さらに、一部の営業マンたちがBさんたちに仕事をお願いするのを嫌がっていることも知っていたからです。

「2人に仕事を振ることでBさんやDさん、そして営業の人たちに嫌われたら困る」

結局Aさんは、毎日終電近くまで残り、時には会社に泊まるなどして、対応を続けたのです。当然のごとく疲労が溜まり、ミスが出るため、その修正の時間も必要となり、やってもやっても仕事が終わらない悪循環に陥ってしまいました。

一方、Bさんは、嫌われることを恐れていませんでした。

営業マンから無理な納期のお願いがあった時も、「納期を早めなくてはならない理由」や「優先度」「推定受注金額」を確認し、よほどのことがなければ、基本ルールにのっとって対応。

しかし、ここぞという案件はかなり高い品質の魅力的な提案書を作成するので、できる営業マンからは、とても高い評価を受けていました。

本人は「嫌われてもいい」と思っていたのに、嫌われていなかったのです。

実はBさん、毎日定時に会社を出ると、より魅力的な提案書を作成できるようになるために、ビジネススクールに通ってプレゼンテーションやコミュニケーションの勉強をしていたのです。

仕事の品質を高めていけば、自ずと信頼は得られていきます。スキルアップするための学びの時間を確保するようにしましょう。

仕事が早く片づくポイント

断る勇気を持つ

No.09

仕事が

早く終わる人は下の人からも学び、終わらない人は上の人からだけ学ぶ

上下関係にこだわる人がいます。

そのような人は上司や先輩からは学ぼうとしますが、部下や後輩からは学ぼうとしません。

プライドが高く、「部下や後輩に学ぶなんてみっともない」と考えるからです。

そして、上の人には従順ですが、下の人には偉そうに振る舞います。自分の地位を脅かしそうな部下や後輩がいると、攻撃を加えたりすることもあります。

しかし現代は、ＩＴの発達などに伴い、考えられないようなスピードで多くのことが変化しています。

スマホなどは新機種がどんどん出てきますし、仕事に使える新しく便利なアプリも日々開発されています。

このようなスマホやパソコンなどに関しては、若い世代のほうが、幼少の頃から触れていて詳しいものです。高いスキルも持っています。

「部下や後輩に学ぶなんてみっともない」と考えている人も、頭の中ではきちんと理解していますが、それでも意地があるため、教えてもらおうとしません。

パソコンの調子が悪くなった時だけ「直してくれ」と頼むだけ。そのため、いつまでたっても新しいスキルが身につかず、置いていかれてしまいます。

これは、パソコンスキルなどの技術の話に限りません。

たとえば、若い世代で流行しているものは、若い人たちから学ばなければ知ることはできません。

「新聞やネットでちゃんと把握しているよ」という人もいるかもしれませんが、その情報が必ずしも正しいとは限りません。上辺だけの二次情報である可能性があります。

一次情報は、直接、若い世代の人に聞いて学ぶほかないのです。

あなたが人事部で20代の人を採用するなら、「今の20代の人はどんな基準で会社を決めるの?」、企画関連の仕事をしているのであれば、「最近の20代、30代の人が好む企画、テーマはどんなものか」などと、相談するのもいいでしょう。

「相談なんてしたら、馬鹿にされるのではないか」と不安に思うかもしれませんが、実は逆です。彼らは彼らで、むしろ頼られている、認められているという承認欲求を満たすことができて、モチベーションを上げます。

聞いてきたあなたに対しても、「自分を認めてくれた人」と好感を持ち、何かを頼んだ時、全力で動いてくれるようになるはずです。

反対に、自分を認めてくれない上司や先輩に何かを頼まれても、やらされ感で動くので、着手も遅いし、身につけようとしないため、成長のスピードも遅くなります。

これでは、いつまでも独り立ちさせることができず、部下指導に時間を取られ続けるばかりです。

部下や後輩から学ぼうとする人は、若手の知見に触れることができます。
また、年上の部下を持つことも、最近はめずらしくありません。
年上の部下は、社会人として、一人の人間として多くの経験を重ねています。その世代だからわかることもあり、年長者ならではの知見を得ることができます。

部下や後輩を、「一緒に仕事に取り組むパートナー」と考えて、対等の関係に位置づけることで、それぞれの得意分野、不得意分野を補い合える、盤石なチームとなって、様々な仕事に取り組むことができます。

得意な分野が増えるため、仕事のスピードもアップします。
上下関係などに縛られず、共に働きましょう。

仕事が早く片づくポイント

仕事の人間関係に上下関係はないと考える

さりげなくて非常に効率的な仕事術

第3章

No.01

仕事が

早く終わる人はテキトーに仕事をし、終わらない人は常に全力で取り組む

いつも遅くまで残業しているAさんは、常に全力投球。企画書はもちろん、伝票や報告書の作成も手を抜くことなく、一生懸命取り組みます。そのため、残業に次ぐ残業で、心身ともに疲れた状態が続き、どんどん元気もやる気も失われていきました。

それも当然です。人間、終始、フルスロットで動くのは無理があります。

野球で考えてみてください。

どんなに実力のある先発投手でも、1回から9回まで全力投球をしているわけではありません。そんなことをしていたら、9回までもたずに打ち込まれてしまいます。

だからこそ、一流のピッチャーは、3番打者や4番打者のような強打者に対しては

全力で勝負にいき、下位の打者に対しては、少ない球で打たせて取って力をセーブしているのです。

ビジネスも同じです。

毎日朝から夕方まで、全力を出し続けることができる人はいません。仮に月曜日はフルスロットルで仕事ができても、木曜日には疲れ果ててしまうでしょう。

また、すべてのことに全力を注ぎ、完璧にしようとしても、パワーがもちませんし、時間も足りなくなります。どんなに残業しても仕事が溜まり続けてしまいます。

完璧主義の反対は「テキトー」です。仕事が早い人は、時に「テキトー」に仕事をします。

テキトーというと、サボりや欠陥品をつくるなど、悪いイメージで受け取られがちですが、本来の「適当」とは、適正な案配を意味するものです。

重要度に応じて取捨選択したり、優先順位をつけたりすることが大切ということです。

イタリアの経済学者ヴィルフレド・パレートが発見した「パレートの法則」というものがあります。

20％の顧客が売上の80％の利益を生み出すという内容ですが、これは仕事の量にも当てはまります。重要な20％の仕事が、80％の成果を生み出しているのです。

ですから私たちは、本当に重要な20％に力を入れて、重要性の低い80％はできるだけテキトーにするべきなのです。


仕事には「こなす」仕事と、「頭を使う」仕事があります。


「こなす」仕事は、伝票作成、報告書作成などです。

「頭を使う」仕事は、企画書の作成や来期に向けての戦略の考案などです。

「頭を使う」仕事が20％の重要な仕事で、「こなす」仕事はテキトーにやっていい、重要性の低い仕事です。

たとえば、出張報告書をつくらなければならないとします。報告書に図表を入れたり、レイアウトを考えたりする必要はありません。どのような成果があったか、今後どのような状況が望めるか、皆に情報共有したいことを入れておけばいいでしょう。

社内で完結することは、社内ルールにのっとっていて、ミスなくしっかり伝われば十分なのです。

議事録を何時間もかけて作成する人もいます。「誰がどんな発言をしたか」をもれなく書いているのですが、そもそもそんなことは必要ありません。

「決まったアクション」「誰がやるのか」「着手する時期と締め切りの時期」「途中経過の確認日時、確認方法」がわかれば十分です。

生産性のない仕事は必要最低限、業務の支障にならない程度に「テキトー」にする。

一方で、大事な企画書作成や戦略立案、大口顧客へのアプローチなどに力を入れる。

ここぞという勝負が必要な時だけ、全力で取り組みます。

むしろそれをできるのが、優秀なビジネスパーソンの証なのです。

仕事が早く片づくポイント

「こなす」仕事はテキトーにしよう

No.02 仕事が

早く終わる人は見切り発車をし、終わらない人は慎重に計画を立てる

売上増や生産性アップ、目標達成に向けて、業務改善をしていくプロセスとして、「ＰＤＣＡサイクル」があります。

ＰＤＣＡは次の４つのステップで成り立っています。

・P（Plan：計画）……従来の業績や将来の予測などを元にして、業務の計画を作成する
・D（Do：行動）……計画に沿って業務を実行する
・C（Check：確認）……業務の実施が計画に沿っているかどうかを評価する

・Ａ（Ａｃｔｉｏｎ：実行）……実施が計画に沿っていない部分を調べて改善する

このＰＤＣＡサイクルは非常に有効なフレームワークなので様々なシーンで活用されていますが、間違った使い方をしてしまうと機能しなくなってしまいます。


Ｂさんは、電子決済のシステムをホテルに提案しようと考えました。

そこで、慎重の上にも慎重を期して、Ｐ（計画）の検討を始めました。

たしかに計画はきっちり立てるに越したことはありません。しかし、新しく取り組む仕事の場合は、「動かしてみなければわからない」という面が多分にあります。

この場合はまず、電子決済システムが「ホテルに合ったシステムだ」という仮説を検証する必要があります。それには、実際にホテルにそのニーズがあるかどうかは、アプローチしてみなければわかりません。ホテル業界が興味を示さなければ、これは絵に描いた餅になってしまいます。

ところがＢさんは、盲目的に仮説を信じ、実際の営業計画・販促計画・販売予測を細かく立てようとし、そこで膨大な時間を使って準備を始めました。

仕事がなかなか終わらない人の典型的なパターンです。

一方、仕事が早いCさんは、仮説を立てたらすぐに見切り発車します。電子決済のシステムは、商品やサービスの「売買」が発生する場所のどこかに、必ずニーズがあるはずです。そこで、ある程度の準備ができたら見切り発車をし、まずはホテル業界へアプローチします。そしてその結果がダメであれば、違う業界へ営業しようと、新しい計画を立てるのです。


現代は変化のスピードの激しい時代です。

インターネットの発達によって、ビジネスモデルが模倣されやすくなっており、あなたが思いついたビジネスモデルを、ライバルである他の誰かも思いついている可能性があります。

こうした時代に重要なのは、いかに速くＰＤＣＡを回すか、それこそ高速ＰＤＣＡサイクルに基づいて仕事をしていくことです。

最初に立てた計画は、たいていは粗いものです。仕事が早い人は、そのことがわかっているのです。

アメリカ陸軍の名将ジョージ・パットンは、「今日のよい計画は明日の完璧な計画より価値がある」と言っています。適切な計画を立てるために、情報をもっと得よう、計画の精度を上げようとしても、１００％完璧になることはありません。

行動を起こしてからのほうが精度も高まるのです。

慎重な人の中には、必要以上に失敗を恐れている人もいます。しかし、失敗は一時的な挫折にすぎず、成功に導くためには必要不可欠なことです。

成功は、一度も失敗しないことではありません。

挫折を乗り越えて目標を達成することです。

ならば、早めに失敗してしまったほうがいいのだと考えてください。

仕事が早く片づくポイント

高速ＰＤＣＡサイクルで仕事をしよう

No.03

仕事が

早く終わる人は人に頼り、終わらない人はネットに頼る

仕事がなかなか終わらないDさんは、何か新しいことを始めたり、知識を得たい時は、すぐにネットで調べます。調べに出かける時間がない時にも有効な調べ物ができると考えているからです。

ある日、会社で顧客獲得のためのセミナーを開催することが決まり、Dさんが担当することになりました。

人が集まりやすいのは何曜日か。ゲスト講師はどのように探せばいいのか。どれくらいの人数を集めればいいのか。どのように告知すると人が集まるのか。問い合わせにはどう対応するのか。懇親会を行うほうがいいのか。適当な会場にはどんなところ

があるのか。何に、どれくらいの費用がかかるのか——。

いろいろなサイトに行って調べてみましたが、断片的な情報が集まるだけで、なかなかトータルのプランニングができません。

誰かに聞いてみようかとも考えましたが、手を煩《わずら》わせることに抵抗を感じて、結局、できませんでした。その結果、上司から頼まれて2週間が経過しても、ほとんど何も進めることができず、Dさんは叱責を受けて、Eさんに担当を代えられてしまいました。

時間ばかりかかった割には成果も出ず、評価も下がってしまったのです。

Dさんから仕事を引き継ぐことになったEさんは、周りの人たちに、以前セミナーを開催したことがある人がいないかを聞いてみました。

するとある先輩が、別の支店のFさんという人が何度もセミナーを開催していると教えてくれたのです。

早速、Fさんと連絡を取り、段取りを教えてもらいました。

さらに、Fさんがよく使う会場や告知の方法など、必要な情報を得ることができ、おかげでEさんは段取りよく仕事を進めることができたのです。

経験がないのであれば、その仕事を経験した人に聞くのがいちばんです。

Dさんは、「誰かに時間を取らせてしまって悪いな」と思ってしまったのかもしれませんが、そんなことはありません。

実は教える側の人は、どんどん聞きにきてほしいと思っているのです。

人は誰かに自分の持っている知識や経験を教えたがる特徴があります。

アドバイスを求められることで、「頼られているな」という承認欲求を満たされるからです。

聞きたいことがある時は、どんどん聞いてみていいのです。

そもそも、世の中に、オールラウンドプレイヤーはそうたくさんいるものではありません。

人によって、得意も不得意もあります。

エクセルのマクロに詳しい人もいれば、会計の知識に強い人も、ウェブの集客なら任せてほしいという人もいます。

わからないまま何時間もデスクでうんうんうなっているなら、誰かに聞くことです。

得手でないことは人に頼る。

これも仕事時間短縮のポイントです。

仕事が早く片づくポイント

不得意なことは人に頼ろう

No.04

仕事が

早く終わる人はチェックを何度かに分けて行い、終わらない人は一度だけ、しっかりやる

かつて私は、事務的なミスを多発させていました。請求書の金額が違う、議事録の数値が逆になっている等々……。

上司や先輩からも何度も注意されました。

自分自身も、「注意力が散漫だから直さなければ」「落ち着いてやろう」「責任感を持とう」などと言い聞かせて、細心の注意を払いながらチェックしましたが、ミスは直りませんでした。

なぜなら、これら自分に言い聞かせていた言葉はどれも抽象的で、具体性がまるでなかったからです。

いくら気持ちがあっても、具体策がなければ、直るはずがありません。

ある時、作業がいつも正確で、皆から信頼されている先輩と食事をする機会がありました。

その際に、「なぜ先輩の仕事はいつもミスがないのですか？」と聞いてみたところ、「必ずダブルチェックをしているんだ」と教えてくれました。

それまでの私は「ダブルチェックなんて時間がもったいない」と考えていました。時間は有限で大切な経営資源。ならば、チェックなんて一度でいい。ミスが起こらないよう、作業の最初の段階から細心の注意を払えばいいんだ、と思っていたのです。こんな考えでやっているから、ミスがなくならなかったともいえるでしょう。

ミスをすると、当然やり直しです。余計に時間がかかります。

ダブルチェックの時間を削減したつもりが、逆に作業の時間が増えてしまっていたわけです。本末転倒です。

では先輩のように、ミスをしない人はどうしているのでしょうか。

まずは、人間はミスをする生き物であるということを理解し、自分への過信を捨てています。

そして、ミスが起こることを前提にして、「ミスをいかに見つけるか」を考えます。

そのうえで、ダブルチェックの仕組みをつくっていたのです。

具体的には、チェックリストを作成します。チェックリストを活用すれば、確認すべき項目のヌケ・モレを防ぐことができます。

しかし、チェックリストだけでは、万全とは言えません。「チェックリストでチェックするから大丈夫」という気持ちでチェックすると、間違っていても見落としてしまうからです。

また、いくらミスがあることを前提にチェックしても、1回目にミスがないとわかると安心してしまい、次の仕事の時にミスを見落としやすいのです。

そこで、次の3つの方法を使ってチェックすることをオススメします。

1．チェックリストの逆の順番でチェックする

これは、飲食店などでもよく使われている方法です。

最初は上から順に足して計算し、検算は下から順に足していくのです。

ダブルチェックは、1回目のチェックと同じ動作を繰り返すのではなく、違う方法で行うほうがミスを見つけやすくなります。

2．数字はグラフを使って確認する

エクセルで折れ線グラフをつくります。

折れ線グラフにすれば、大きく数字が違う場合、その箇所だけ突出して見えるので視覚的にすぐ気づくことができます。

3．一度目とは違う場所・時間帯でチェックする

私は本の校正（見直し作業）をする時、1回目を昼にした場合、2回目は夕方にしています。すると、1回目では気づかなかったミスに気づくことが多々あるからです。

2回続けてチェックすると、2回目にはしっかり見ることが難しく、ミスを見つけられません。

それよりは、少し時間を空けてから確認するほうが、ミスを発見しやすくなります。

また、休憩後も新鮮な気分になるので、ミスに気づきやすくなります。

場所を変えて行うのもオススメです。

場所を変えると視界がリフレッシュされるため集中力も上がり、しっかりと注意して確認でき、ミスも発見しやすくなるでしょう。

チェックは効率化しようとしないことです。

仕事が早く片づくポイント

ダブルチェックでミスを減らそう

〔DM発送業務チェックリスト(例)〕

□送付リストの確認

□前回から１か月のメールを「変更」で検索し、リストへの転記もれがないか確認

□担当者の変更が反映されているか

□住所の変更が反映されているか

□役職名が入っていないか

□送付資料を指さし確認する

□送付資料の日付が古くないか

□送付資料に書いてあるものは最新の情報に変更されているか

□宛先をリストと照らし合わせる

□送付資料を読み上げ誤字脱字がないか確認

□宛名シールと送り状がずれていないか（１枚目、50枚目、100枚目を見て確認）

□切手を貼ってあるか

できるだけ工程を細かく分けてつくるのがポイント！

No.05

仕事が

早く終わる人は企画書を鉛筆で書き始め、終わらない人はパソコンに向かってからつくる

Gさんは、大口顧客候補のH社に提案する企画書を作成していました。デスクに座ってパワーポイントで入力しています。

ところが困ったことにまったく進みません。

ああでもないこうでもないと、言いたいことがうまくまとまらず、入力しては消すの繰り返しです。

実はもう1時間もこの状態で、このままでは遅くまでの残業も決定的です。

厳しい言い方をすれば、Gさんは仕事がいつまでも終わらない人の典型、生産性はゼロです。

こんな人もいます。

顧客に提出する提案書を作成することになったIさんは、いきなりパワーポイントを立ちあげ、レイアウトに取りかかりました。

画面を見ながら、「さあ、どんなタイトルにしようか。スライドの背景はどのデザインを使おうか」といったあまり重要性の高くない細かい部分や飾り部分ばかりに注力しているうちに、気がつけばお客様にご提案する前日。間に合わせるために、浅くて中身のない内容を書いた資料になってしまいました。

その結果、お客様に興味を持ってもらえず、上司にも意図がまったく伝わらないと叱られる有様でした。


2人はどうして、このようなことになってしまったのでしょうか。

それは、思考を飛ばして作業に入ったからです。


仕事が早い人は、「思考時間」と「作業時間」の2つの時間に分けて仕事をします。

「思考時間」とは、資料作成の全体の構成や流れを考える時間であり、「作業時間」

とは実際に入力・作成する時間です。

時間を効率的に使おうと、いきなり入力を始める人が少なくありませんが、これは逆効果です。

思考していない分、ゴールが見えないからです。

5分程度でいいので、パソコンを立ち上げる前に、紙とペンを用意し、企画書の基本構成を、手を動かして考えてみましょう。

これからする仕事（企画書）の設計図をつくるのです。

設計図には、「資料を作成する目的」「読み手はどんな人か」「必要な項目」「ページ数」などを入れます。

ペンを持って紙に書くという手を動かす行為は、脳の活性化という付随効果もあります。

設計図さえしっかりつくれれば、後の打ち込みやグラフの作成などは、すいすい進んでいきます。そんなに時間はかかりません。

パソコンを立ち上げるのは最後にしましょう。

なお、仕事が早い人は、この思考時間を移動時間やスキマ時間で行っています。ちょっとした時間を思考時間に充てて、考えたことをメモ帳などに手書きでメモって設計図の大枠をつくっておき、まとまった時間を取って設計図を完成させ、それからパソコンに入力することで、設計したものをよりよく見せるための作業ができます。ゴールが見えるので、そこに向けて動けるというわけです。

必ず先に「思考時間」を確保して設計図を作成してから、パソコンへ打ち込むようにしましょう。

仕事が早く片づくポイント

まずは「思考時間」を確保して、設計図をつくろう

No.06

仕事が

早く終わる人は堂々とする、終わらない人はアリバイづくりをする

仕事がいつまでも終わらない人に限って、周囲に「自分が仕事をしている」ことをアピールしたいという思いが、心のどこかに潜んでいることが往々にしてあります。「こんなに頑張っているのに」と、アピールすることは悪いことではありませんが、そのアピールは生産性、そして、結果を出すことですべきです。「こんな仕事をしていました」と、アリバイづくりをすることではありません。

「アリバイ」とは、たとえばこんなことです。

・社内用の報告書のデザインにこだわる

・日報などの提出書類の項目を意味なく増やす
・社内で使う資料のフォームを意味なく変更する
・会議で自分の存在を示すため、根拠のない反対意見を述べる
・頑張っているように見せるため、大声を出す
・数合わせで優先度の低い顧客リストを作成する
・発言した人まで細かく書いたムダに量の多い議事録を作成する
・会議の前の対策会議を開く
・無関係の人まで、メールのCCに入れる

このようなアリバイづくりのための仕事は、自分にとっても他の人にとっても、余分な時間を取られるだけ。ムダでしかありません。

ビジネスでは結果だけでなく、プロセスも大切です。

良い結果を生むのは良いプロセスですから、当然のことです。

仮に一度は運よく結果オーライとなっても、適切なプロセスを経ていなければ、良

い結果を出し続けることはできません。

「プロセスが良ければいい、結果は仕方のないことだ」と考える人がいるかもしれません。

でも、結果にまったく結びつかないプロセス、これこそアリバイづくりでしかないでしょう。

仕事が早い人は、このようなアリバイづくりの仕事はしません。

堂々と成果を出すための仕事だけをします。

トヨタの管理手法として有名になった作業分類の方法があります。

1．主作業

価値を生む作業。お客様との商談や、仕入れ部門のコスト削減につながる提案

2．付随作業

価値を生まないが作業をするうえで必要なもの。移動や会議、お客様に出す提案書

の作成など

3．ムダ・例外作業

価値を生まない作業（アリバイづくりはここに含まれる）

仕事が早い人は、1を中心にし、2の仕事もできるだけ削減しようと考えます。高い品質のものを短期間で完成させるためにも、主作業に充てる時間をしっかり確保し、作業をする際は、常に「どの作業なのか」分類して成果を意識するようにしましょう。

仕事が早く片づくポイント

仕事を分類して、ムダな仕事を削減しよう

No.07

仕事が

早く終わる人は記録に頼り、終わらない人は記憶に頼る

記憶に自信を持っている人は、メモを取らなくても覚えられると思っています。

しかし、それは大きな勘違いです。

「エビングハウスの忘却曲線」という有名な理論があります。

記憶はどれくらいのスピードで忘れられていくのかを実験で示したもので、それによると、人は一度記憶したことを20分後には42％も忘れてしまうのだそうです。

さらに翌日には、なんと74％のことを忘れてしまいます。

人は忘れやすい生き物なのです。自分の記憶力を過信するのは禁物です。

「たいしたことではない」「時間が空いた時にやっておいて」など、優先順位の低い

ものはすぐに忘れてしまいます。

「これくらい覚えてられるだろう」と思っていたのに、すっかり忘れてしまい、「あの件、どうなっているの?」と相手に言われて、慌てた経験のある人もいるでしょう。私もあります。

慌てて取り組むので、ミスを犯してしまい、やり直したりなど、思いのほか時間を要したうえに、相手からの信頼も失いそうになるなど、散々でした。

仕事が早い人ほど、なんでもかんでも記録を取ります。自分の記憶力をあてにしていないのです。

記録することには、次のメリットがあります。

1．集中力がアップする

たとえば、A社に提出する見積書を作成している最中、ふと来月台湾へ出張があり、パスポートを更新しなくてはならないことを思い出したとします。人は一度、気になり始めると、そのことが頭から離れなくなり、集中力が落ちてきます。

この時、手帳に「来週○日、パスポート申請」と書いてしまえば、安心して忘れることができ、目の前の今の仕事に集中することができます。

2．仕事が中断しない

企画書を作成している時に、上司から別のお客様の動向について質問を受けたため、作業を中断して上司の質問に答えていたら30分が経過。

ようやく質問への対応が終わり、さて作業を再開しようと思った時、「あれ、どこで迷っていたのかな？」とわからなくなってしまうことがあります。

こういう場合も、上司の質問に対応する前に「○○は△△か□□か？」などと、自分が迷っていることをちょっとメモ書きで記録しておけば、すぐに思考を元に戻すことができるでしょう。

3．失敗を活かすことができる

どんな失敗をしたかを記録しておくことで、次に活かすことができます。

たとえば、人数が少なかったためにミスが起きてしまったとしたら、同じような仕事が入ってきた場合、前回の失敗の記録を見直し、「前回もこの段階で失敗していたな。今回はスタッフを2人増やして進めていこう」という具合に、同じ失敗を繰り返さずにすませることができます。

4. アイデアを生み出すことができる

仕事のアイデアは、ふとした瞬間に浮かびます。

ところが「あっ、これはいいアイデアだ！」と喜んでいるうちに消えてしまって、2度と思い出せなくなってしまうことが往々にしてあります。

もしかするとそのアイデアには、何百万円、何千万円の価値があったかもしれなくても忘れてしまっては何の価値も生み出しません。

ペーパーでもスマホでも何でもOKです。メモして記録しておきましょう。

なお、記録する場所は1か所にまとめるようにしましょう。

「社外の打ち合わせは青色、社内の打ち合わせは赤色、上司からの指示は緑色のノート」などと、記録のルールをつくり、区分している人がいます。分類できて賢いやり方のように思えますが、手元にたまたま緑色のノートがなかったので、他の用紙に書き留めたらどこにメモしたか忘れてしまった、などということも起こりえます。

また、ルールをつくることで、記録を取ることが面倒になっては本末転倒です。

1冊のノートにすべて時系列で並べて書いていくのが、シンプルで効率がいちばんいいのです。日付と照合すればすぐわかるので、情報を探す時間もかかりません。

情報は1つにまとめましょう。

仕事が早く片づくポイント

メモは1冊のノートにまとめる

No.08

仕事が早く終わる人は目標を公言し、終わらない人は目標を公言しない

同じ会社にいるJさんとKさんは、4か月後に開かれるフルマラソン大会に一緒に出場することを決めました。

そのために2人は残業を減らし、夜はランニングをすることにしました。

ところが、JさんとKさん、結果はまったく違うものになりました。

Jさんが早く帰れたのはたったの3日だけ。練習もほとんどできず、大会には出ましたが、途中でリタイアしてしまいました。

一方Kさんは、少しずつ早く帰るようにし、2か月後には残業をゼロにすることができました。夜の練習もしっかりできて本大会でも完走することができました。

2人は同じような業務量で、毎日3時間くらいの残業をする生活でした。同じような条件なのに、なぜここまで差がついてしまったのでしょうか。

2人の違いは、次の2点でした。

1. Aさんは目標を公言せず、Bさんは目標を公言した

Aさんは、目標を公言して実行できなかったら恥ずかしいと思い、こっそりとマラソン大会への準備に挑みました。

しかしこのような状態で目標に臨むと、いつでもやめることができてしまいます。

心理学には「現状維持バイアス」という言葉があります。「現状維持バイアス」によれば、人は変化を嫌う傾向が強いのです。つまり、現状を維持したがるのです。

ランチはいつもの店に行く。朝コンビニで買うのはいつも決まった商品。新製品に手を出すのは怖い。

これが現状維持バイアスです。

合理的な判断に、現状を維持しようとする気持ちが勝ってしまうのです。

Aさんが決意して早く帰り始めてから4日目、お客様から急な仕事の依頼が入り、残業をして対応することになりました。

Aさんは誰にも宣言していないわけですから、ルールを変えても誰も何も言いません。また、Aさん自身も、残業したほうが仕事がはかどるように思え、翌日からは、いつも通り、残業をする状態に戻りました。

一方、Bさんは、堂々と皆に宣言しました。宣言した手前、実行しないわけにはいきません。毎日20時までに退社していました。

行動を継続させるためには、周囲の人に「宣言する」というやり方はとても有効です。人間の深層心理には「言行一致の原則」、つまり、「言ったこと」と「行うこと」を一致させたいという傾向があります。

一度「やる」と宣言したら、それを撤回するのにかなりの抵抗を感じます。後に引けない状態です。それが、継続の動機づけになるのです。

スポーツ選手の中には、「ビッグマウス」と言われる人がいますが、彼らもこの心理を活用し、大きな目標を公言することによって、自分で自分を後に引けなくなるようにしているのです。結果、大きな成果を上げている人も少なくありません。

どうしても目標を達成したいのであれば、公言することが大切です。

2．Aさんは大きな目標から始め、Bさんは小さな目標から始めた

Aさんは最初の日から残業をゼロにしようとしました。

これが大きな問題でした。毎日残業しているAさんにとって残業ゼロは大きな目標、それこそ最終目標です。

Aさんは3日目まで残業をせず、大きな目標を達成していました。しかし、4日目に残業をしてしまい、残業ゼロの継続が絶たれました。そのため、次の日からやる気がなくなってしまったのです。

一方のBさんは、最初は「いつもより1時間早い20時には帰る」という小さな目標から始めました。小さな目標なので達成しやすく、1か月間続けることができました。そのうえで、さらに1時間ずつ、帰るのを早くしていったのです。

人は、何かを始めようとする時、一気に変えようとしますが、それではうまくいきません。差が大きすぎると、逆に現状維持に意識が向きやすくなってしまうからです。

毎日1時間英語を勉強しようと決めたのなら、最初のうちは「30分たったら終わりにする」くらいの計画を立てたほうが長続きします。

初日は勢いがあるので、3時間続けられるかもしれませんが、そこで気持ちも体も疲れてしまい、2日目は30分、3日目は10分となって、そのうちに現状に戻り、続かなくなってしまうのです。

小さな目標から始めると、ムリをしない程度で取り組めるので、成功体験を味わうことができます。

成功体験は継続するモチベーションの糧になります。あなたもまず、退社時間を1時間早めることからスタートしてみてはいかがでしょうか。

仕事が早く片づくポイント

小さな目標から始めよう

No.09

仕事が

早く終わる人は海水浴仕事術、終わらない人は山登り仕事術

今から、富士山に登ることを想像してください。

山に登る時は、自分の足で一歩一歩歩いていく必要があります。

さらに山頂に近づくにつれて気温が下がるので、防寒着も用意しておかなければならないし、水や非常食などの用意も必要です。

だから山登りをする人は、たっぷり服を着込んで、大きなリュックサックを背負っています。多くの荷物を背負い込んで、すべて自分の力で登っていくのです。

このようにすべて自分で背負い込む仕事の進め方を、「山登り仕事術」と言います。

「山登り仕事術」の人は、他人に仕事を任せると時間がかかるしクオリティも下がる

から「自分でやらなければ」と考えます。

チームで後輩と仕事をする時も、自分が細かい部分まで見ないと気がすみません。良く言えば責任感が強いのですが、仕事時間はどんどん増えていくばかりで、いつまでも終わりません。

また、上司や先輩が「山登り仕事術」のタイプだと後輩も主体性を持って仕事を取り組めなくなり、指示された通りに仕事をこなすだけとなってしまいます。「やらされ感」を持ち、「最低限の仕事でいいや」といった状態になって、成長することがありません。

一方、仕事が早い人は「海水浴仕事術」です。

浮き輪に乗って海に浮かぶと、波の力をうまく利用してラクに進むことができます。自分の力を使わず、波の力、つまり周囲の力をうまく借りて仕事をする。これが「海水浴仕事術」です。

海では、服を着たまま泳ぐ人はいません。動きにくくて危険だからです。

そのため、水着やウェットスーツなど、いたって軽装になります。

つまり「海水浴仕事術」は、服を手放すように人に仕事を任せて、自分のムダな仕事時間を減らす時短仕事術なのです。


ただそうはいっても、後輩やアシスタントにはスキルがないし、任せることに不安がある人もいるでしょう。

そうした人には、次の方法がオススメです。

1．ある一定の部分だけ任せる

たとえば、仕事を全部任せるのは不安だという状態なら、仕事の一部分を任せます。
・最初は、6ページの提案書のうち、データをまとめたグラフ作成だけやってもらう
・自分の担当の10件のうち、あまり難易度の高くない3件だけ任せる
このように最初は小さな部分を任せて、できるようになったら、徐々に範囲を広げていきます。

2.任せられないブロックを外す

仕事の一部分だけであっても、他人に任せるのは怖い、という人もいます。気持ちにブロックがかかっている人です。

そういう人は、自分が初めてその仕事を任された時、どのくらいできる状態だったかを振り返ってみましょう。

初めてですから、完璧にできる状態ではなかったはずです。それでも当時の上司や先輩はきっと、あなたを育てるために仕事を任せてくれたはずです。

仕事を任せることも後輩を育てるという「仕事の1つだ」と考えてください。

なお、「海水浴仕事術」のポイントは、「荷物を増やさない」ことです。

仕事を1つ増やしたら、1つ減らすことを心がけましょう。

仕事が早く片づくポイント

荷物は軽く、人の力を借りて仕事をしよう

No.10

仕事が

早く終わる人は隠れ家にこもり、終わらない人はデスクにかじりつく

「シュレッダーのゴミがあふれちゃった。ちょっと手伝ってくれるかな？」

「コピー機がエラー出ちゃった、どうなっているかわかる？」

若手社員のMさんは、上司や先輩からやたらと声をかけられ、様々なことを頼まれるため、仕事がよく中断します。

「あのさあ、X社の契約書の原本ちょっと持ってきてくれないか？」

「今から業務部のWさんと打ち合わせなんだけど、M君も同席してくれる？」

今日もY社への提案書をつくらないといけないのに、朝からまったく集中できません。気がつけば定時の18時。残業するしかありません。

こんなふうに常に仕事に追われているMさんは、いつもデスクで仕事をしています。上司や先輩は、自分が忙しいと目の前にいる部下や後輩に手伝ってもらおうと考えます。この時、部下や後輩の仕事のことまで考えられていないこともしばしば。上司や先輩からの指示なので断れず対応するしかないとMさんはすぐに対応しているのですが、優先度の低い仕事、やらなくていい仕事などもあります。

また、対応することで、Mさんが受ける影響も少なくありません。手伝った後、すぐに自分の仕事に集中していた元の状態になるために要する時間（スイッチングコスト）も見逃せません。

当然、本来の業務にかかる時間も延び、仕事時間が増え続けていきます。

Mさんの同期で仕事が早いNさんは、企画書作成などのクリエイティブな仕事で集中力を要するものは自分のデスクではやりません。

「すみませんが、しばらく集中したいので」と伝えて、会議室にこもります。誰も話しかけてこない環境をつくり出すのです。

自分の「隠れ家」にこもるというわけです。

隠れ家にこもるなんて感じが悪いのではないか、と思うかもしれませんが、集中して仕事をすることでかかる時間も短くなるうえに、質もよくなります。

上司や先輩からの頼まれ仕事は、集中を要する仕事を終え、デスクに戻ってから対応すればいいのです。

ただし、隠れ家にこもる時は、必ず上司や先輩に伝えていきましょう。もし急ぎで頼みたい仕事が彼らにあれば、その時に声をかけられます。また、言っておくことで、連絡が取れず迷惑をかけることもありません。

また、社内情報の持ち出しに関するセキュリティルールも確認しましょう。持ち出し禁止のもの、守秘義務のあるものを持ち出して漏洩してしまったら、元も子もありません。

仕事が早く片づくポイント

集中したい時は、デスクを離れる

仕事時間が少ないのに結果が出る思考法

第4章

No.01

仕事が

早く終わる人は各駅列車思考、終わらない人は急行列車思考

電車通勤をしている人のほとんどは、家を出たら、会社に最短の時間で到着する急行電車や快速電車を使っているでしょう。

かつて私も会社員時代、関東地区でもっともラッシュ時の混雑率が高いと言われていた快速電車で通勤していました。

電車内はすし詰めで、まったく身動きが取れない状態。

新聞はもちろんのこと、新書サイズの本も読めません。何とか本を取り出してページをめくろうとしても、腕を動かすことができないのです。

本来、通勤時間は、情報をインプットしたり、今日の予定を確認したりする貴重なスキマ時間です。

通勤時間が片道1時間の人は往復だと2時間。週5日で10時間、月20日で40時間、1年にすると700時間にもなります。相当な時間です。

資格試験によっては700時間以内で受かるものもありますし、200ページくらいのビジネス書なら毎日1冊読むことができます。

しかし大勢の人々がなるべく早く会社に着こうと乗り込んでくる急行電車や快速電車は、インプットどころか、ストレスと疲れの原因になってしまいます。

混雑をしている電車内では「押した・押さない」などと言い合うような揉めごとも起こります。イライラしている人もけっこういて、そのイライラが周りに伝染します。

満員電車は百害あって一利なしです。

仕事が早い人は、急行電車や快速電車は避けて各駅停車で通勤し、貴重なインプットの時間に充てています。

私は住んでいた駅の1つ隣が始発の駅でしたので、その駅発の各駅停車に乗り換えて通勤していました。イライラしている人は誰もいません。

ゆっくりと座って、新聞も本も広げて読むことができます。

乗り換えが不便な場合は、ラッシュ時間を避けた列車に乗ったり、グリーン車や特急に乗るのもいいでしょう。

私も何度か乗りましたが、電車の中が非常に快適な書斎に変貌します。

グリーン車や特急は費用がかかりますが、十分なリターンが得られる有効な投資といえるでしょう。

仕事が早く片づくポイント

空いた電車を選び書斎にする

No.02 仕事が早く終わる人はスタバ思考、終わらない人はマック思考

仕事がいつまでも終わらない人は、マニュアルを好みます。どんな状況でもマニュアルを厳守し、マニュアルにないことはやってはいけないことだと考えます。

マクドナルドは細かな作業までマニュアルでしっかりと定め、いかにスピーディーにムダのない動きで対応するかを重視しています。

スマイルですらマニュアルです。ですからオーダー後、「こちらでお待ちください」と言われ、商品を待っている時には、やや事務的な感じがします。

マクドナルドは回転率を重視しているので、ある意味仕方ないのですが、当然マ

ニュアルにない商品はつくりません。
フライドポテトに塩味たっぷりでとか、特別料金を出すからダブルフィッシュバーガーをつくってくださいなんてことはできません。

一方、スターバックスコーヒーはマニュアルが定められているものの、自分で考えて動ける範囲が広くあります。1人ひとりが考える接客をしていて、特別な注文にも応えてくれます。メニューにないコーラやスプライトを出してくださいとは言えませんが、たとえばティーラテのミルクの量を調節してくれたり、コーヒーに蜂蜜を入れてくれたりします。紙コップに「Have a good day!」などとメッセージを書いてくれることもあります。

私は仕事柄全国のスターバックスに行くのですが、スーツケースを持っていると「出張ですか？」などと聞かれ、よく雑談もします。
近くにある観光スポットなどを教えてもらうこともあります。

私はマクドナルドの接客を「マック思考」、スターバックスコーヒーの接客を「スタバ思考」と呼んでいます。

「マック思考」はマニュアルを厳守し、ムダをいっさいつくらないやり方です。仕事時間を減らすには一見効果的なように見えますが、考えることをしなくていいので、「もっと他にいいやり方があるのかもしれない」と思っても、「マニュアルにそう書いているから」と、採り入れようとしません。

いわゆる、「仕事をこなす」状態になってしまうのです。

仕事は単純なものではありません。
必ず何らかのオリジナリティがあります。

「スタバ思考」は1件ずつ、相手に合わせて満足をしてもらう接客を考え、ていねいに仕事をしていくやり方です。

「1件1件考えて仕事をすると、時間もかかって大変ではないか」と思う人もいるかもしれません。

ですが、それはむしろ逆なのです。

1分でも2分でも意識して考えることで、クオリティのいい仕事ができるようになってきます。その結果、相手に満足してもらえたり、ミスが起きなくなるのです。

ですから、結果的に見れば、仕事時間が増えることはありません。

マニュアルありきで考えずに動けるマック思考のほうが状況に応じて発展させることもできない分、仕事時間は増えていくのです。

仕事が早く片づくポイント

まず1、2分考えてクオリティのいい仕事をする

No.03 仕事が早く終わる人はパクリ思考、終わらない人はゼロ思考

仕事がいつまでも終わらない人は、常にゼロの状態から取りかかる習性があります。お客様にメールを送る時も、企画書などの書類をつくる時も、一から文面を考えるのです。

たしかに、相手の求めているニーズに合わせたものをつくるのはいいことでしょう。しかし、毎回ゼロからつくっていたら、時間がいくらあっても足りません。

私は新卒で旅行会社に入りました。

法人向けの団体旅行の販売で、毎日1軒1軒会社を訪問し、お客様のニーズを把握

して、それぞれのニーズに合った企画書を提出していきます。

形のない商品なので、内容は千差万別です。

九州旅行にしても長崎もあれば熊本もあります。同じ長崎の中でも市内をしっかり観光するプランもあれば、ハウステンボスに泊まってフリープランというコースもあります。

温泉に泊まって宴会を希望するお客様もいれば、おしゃれなホテルに泊まってディナーの時だけ全員が集まるだけでいいというお客様もいます。

私は1軒1軒お客様の話を聞き、企画書を作成していました。

しかしそんなふうにしていると、時間がいくらあっても足りません。

結果、平日は終電まで残り、土曜日に休日出勤しても仕事が終わらなくなりました。

せっかく訪問して旅行の企画書の提出を約束したのに、何の対応もできず延ばし延ばしにしてしまい、企画書を待っていたお客様に怒られたり、他社に仕事をそのまま持っていかれたりしたこともあります。

一生懸命やっているのに、成績は最悪の状態でした。

私とは対照的に、非常に優秀なBさんという同期の営業マンがいました。

Bさんは涼しい顔をして、お客様をどんどん獲得しています。

旅行の企画書を作成するために昼間ずっとデスクワークをしている、というわけではありません。きちんとお客様を訪問し、その上で結果を出しているのです。

彼と私は何が違うのだろうか――。

ある時深夜の残業で2人だけになったので、ラーメン屋に行きながら「どうしてそんなにすいすい仕事ができるの？　企画書とかどうしているの？」と尋ねました。すると、驚くような答えが返ってきました。

「先輩のをパクってるんだよ」

パクリなんてカンニングじゃないか、ズルはダメだろう――そう思いました。

しかし、その後もっと衝撃的な話を聞きます。

支店で売上ナンバー1だったNさんも、課長が以前につくった企画書などをパクっている、と言うのです。

そう、パクリこそ「できる人」の技だったのです。

Bさんは、普段からいいなと思ったホテル、観光地などを企画用ノートに書き留めて置いたり、いい企画書を見つけたら、テンプレート化して自分のストックにしていました。

テンプレート化してしまえば後はお客様名や日付等を替えるだけで、簡単に対応できます。

そもそも資料作成は、営業のメインの業務ではありません。従の業務です。

むしろお客様との関係づくりが主たる仕事です。

自分の満足で従の業務に時間をかけすぎたところで成果は上がりません。

学生時代は、試験でのカンニングはもちろんルール違反です。しかし、ビジネスではいいものはパクる、いわゆる真似するのが賢いやり方です。

ゼロから何かを生み出すのは非常に難しく、時間のかかることです。

会社には、先輩たちがつくってきたノウハウや知恵、やり方がストックされています。「デキる」同僚たちも、よりよいハウツーを生み出してくれているし、自分自身も、それらを毎日積み重ねています。

これらのストックを使わない、パクらない手はないのです。

仕事が
早く片づく
ポイント

いいものはパクる

No.04

仕事が

早く終わる人はコンドル思考、終わらない人はカメ思考

たとえば100ページあるカタログの作成の一部を任され、数人で分担することにしたとします。

Aさんはそのうちの20ページを担当することになりました。

「自分が担当した部分は完璧に仕上げなければ」と考えて、細かなところにこだわり、デザインなども凝ってゆっくりていねいに作成していきました。

しかし、時間がかかりすぎて期限に遅れそうになり、残業をする羽目になり、他のメンバーにも迷惑をかけてしまいました。

Aさんは自分のパートだけを見て進めていたから遅くなったのです。

私はこのようなAさんの思考を「カメ思考」と名付けています。

カメ思考は、やるべき作業をコツコツと積み上げていきます。

今日はこれができた。さて、次はこれに取りかかるか……、その繰り返しです。

確実に仕事はできあがっていきますし、前には進んではいるのですが、これでは「木を見て森を見ず」になるので、仕事がいつ終わるかわからない状態になります。

また、目の前のことだけに一生懸命になってしまうため、急がなくてはいけない状況であったとしても、必要以上にこだわりを見せてしまったりと、「部分最適」の考えに陥ってしまう可能性があります。


寓話「ウサギとカメ」の競走では最終的にカメがウサギに勝ちましたが、ビジネスはスピードが重要です。いくらていねいにやっても、期限通りに終わらなくては元も子もありません。

同じく20ページ任されたBさんは、仕事をする時は、全体像をしっかり把握してから始めるようにしています。

そのため、カタログの作成を任された時点で、納品日、最終データ引き渡し日などのスケジュールを確認し、計画を立てました。

営業のメンバーがお客様にカタログを配るのは2月15日である。

ならば、1月20日までに印刷会社さんに完全データを入稿しなければならない。

そうなると、デザインのレイアウトを完成させる部署には1月10日までに原稿を渡さなければならない。

ただ12月20日から1月10日は年末年始でその部署も立て込んでいるはずだ。

だから12月15日には確実に完成原稿を渡すようにしなければ――。

ゴールから考えることで、こんなふうに先読みで計画できるのです。

Bさんは日々の過ごし方もゴールから考えます。

たとえば18時が定時だとします。

17時までに来週の会議の資料の作成は終わらせて、上司に提出しよう。

ならば、15時までに資料づくりに着手しなければならない。

その前にE社への見積もり作成の時間を取る必要がある、ただ、午後はよく部長から急な仕事が入って時間が取られる。いつも、その仕事をすませるにはだいたい1時間くらいかかるから、E社への見積もりは13時から手をつけるようにしよう、など。

結果、残業もありません。


Bさんは自分のあり方を、鳥のように高い位置から俯瞰《ふかん》的に見るようにしています。

いわゆる木だけでなく森もきちんと見ているのです。

私はこのようなBさんの思考を「コンドル思考」と名付けています。

コンドルは空高くから見ているからこそ、カメよりも視野が広くなります。

また、この視点を持てば、他の人へも気配りもきちんとできるようになります。

日常的に気配りを欠かさないため、仕事が同時に入り込んでしまい、自分の手に負えないというような時も、周りに助けてもらえ、結局スムーズに進むのです。

仕事が早く片づくポイント

空を舞う鳥のように視野を広く持つ

No.05

仕事が早く終わる人はオーウェル思考、終わらない人はマスト思考

仕事がなかなか終わらない人ほど、仕事の仕方、働き方に対して、「こうあるべき」との概念を強く持っています。

いわゆる「マスト思考」が強いのです。

「マスト思考」の例を挙げてみましょう。

・集合場所には必ず上司や先輩より前に着いているべき
・部下や後輩から先に挨拶するべき
・上司に呼び出されたら30秒以内にかけつけるべき

・メールは2時間以内に返信すべき
・先輩が重いものを運んでいたら率先して手伝うべき
・提案資料はA４３枚にまとめるべき
・電話は1コールでとるべき
・提出物は期限の2時間前に提出すべき
・相談がある時はいきなり声をかけるのではなく、先にメールでアポをとるべき
・夏でも長袖のシャツを着るべき
・冷房は26度に設定すべき
・お客様に出すのは緑茶にすべき

このようなあなたが思う「べき」は誰にでも適用できる普遍的なルールでしょうか。人はそれぞれ違います。働き方も、考え方も、大事なことも。

あなたは「べき」と思っていても、相手にとっては「べき」ではないこともあるでしょう。

「マスト思考」は個人的な思い込みにすぎません。

「マスト思考」が強いと、他の人に対して「なぜそうしないのか？」とイライラしがちです。さらにそのことが気になって、集中力が落ちてしまうのです。

一方で、仕事が早い人は「オーウェル思考」を持っています。

「オーウェル」を日本語で訳すと「まあいいか」になります。

たとえば、「集合場所には上司や先輩より前に来ていなければ」ではなく、「集合の5分前に来ていれば問題ないな」と許容範囲を広げます。

日頃から「まあいいか」と思うようにすると、イライラが減り、自分の仕事に集中できます。

イライラして相手にその感情を露わにしたりすると、相手も気分が悪くなります。気分を害した相手は、あなたの仕事の依頼を後回しにするかもしれません。

逆にイライラした感情を出さない穏やかな人に対しては、周囲も協力的になります。

いつもイライラしている「べき思考」の人と、イライラしない「まあいいか思考」

の人、２人同時に何かを頼まれたら、後者の人の頼みを優先するでしょう。
もちろん、すべてのことに「まあいいか」と許容する必要はありません。
明らかなルール違反やマナー失格があれば、はっきりと、しかし穏やかに伝えるようにしましょう。

大切なのは、自分と相手との「価値観・考え方・やり方」は違うのだということを知っておくことです。

仕事が早く片づくポイント

まあいいか思考で自分と相手は違うことを知る

No.06

仕事が

早く終わる人は高級鰻丼思考、終わらない人は幕の内定食思考

仕事がいつまでも終わらない人は、アウトプットである企画書や資料に、情報をたくさん盛り込みすぎる傾向があります。

煮物も野菜も魚も肉も詰め込んだ「幕の内定食」のようになってしまうのです。

アウトプットを「幕の内定食」にしてしまう人は、次のように考えがちです。

・詳しく書けば書くほどいい資料である

・多量の情報を盛り込むことで体裁を保てる

・図や表をたくさん入れたほうが見映えの良い資料になる

しかしこれらはすべて思い込みであって、相手のことを考えてのものではありません。そもそも企画書や資料は、誰かを説得するもの、あるいは誰かが問題を解決するためのものです。

実際には、ビジネスのどのようなシーンでも、特定の案件について問題解決をする場合、重要な情報がそれほど大量になることはあまりありません。資料は、的確かつ重要な情報だけに絞って作成するべきなのです。

「何かあった時のために、もれなく情報を載せてリスクを回避したい」と思う人もいるでしょう。

しかし、あなたが通信販売で何かモノを買う時や、ホテルを利用する際に、細かい約款《やっかん》を全部読むでしょうか。

ほとんどの人は見ません。

大勢の人向けの資料ですら細かく見ないのですから、決まった相手へのアウトプットである企画書や資料は、その相手にとって必要な情報だけを絞り込んで提示すべきです。

高級鰻を一切れ入れても、幕の内定食の中では目立たなくなってしまうように、情報を盛り込みすぎると、何がポイントなのか、わからなくなってしまうのです。

また、忙しいビジネスの世界において、相手が読むのに時間がかかってしまう何十枚もの資料や、細かい数字がギッシリと入っている表を渡すということは、相手の時間を奪うことでもあります。

もちろん自分自身もアウトプットの作業に多くの時間を奪われます。

百害あって一利なしなのです。

相手に何かを説明する時、もっとも重要と言われているルールがあります。

「ＫＩＳＳの法則」です。

これは「Keep it Short and Simple.」の頭文字を取ったもので、ビジネス文書で何より重要なのは、「短く、単純明快にまとめること」であるというメッセージです。

人間は、シンプルなものを好むので、単純で短い言葉を使って情報を伝えたほうが、相手の記憶に残りやすくなります。例を挙げてみましょう。

・スライド1枚に1メッセージとする
・伝える内容は3つに絞る
・1枚のスライドで使う色は3つまでに絞る
・商品説明はひと言で言い表せるようにする
・枚数が多い資料の場合は、最初に2ページ以内で収まるサマリーをつける
・なるべく短いフレーズを使う
・主語や述語を削って体言止めにする
・十分に余白をとる
・細かい情報はまとめる
・1枚のスライドに入れるグラフは1つまでに絞る
・折れ線グラフで大事なものは太字にする

・マトリックス図やフロー図を使う
・情報は盛り込むのではなく削る

仕事が早い人は、一点豪華主義でアウトプットします。

鰻屋さんに来る人は、高級鰻だけが目的であって、から揚げやホウレンソウを食べたいわけではありません。

仮に鰻屋さんで高級鰻にから揚げや野菜を交えて1つのどんぶりに詰め込んだメニューをつくったとします。皆さんは食べたいでしょうか。

おそらく、「高級な鰻をしっかり味わわせてくれ」と思う人がほとんどで、から揚げを希望する人はいないでしょう。

高級鰻は資料で言うと、相手がもっとも知りたがっている情報です。

それさえわかれば、あとは参考レベルでいいといってもいいでしょう。

資料や企画書などを作成する場合は、相手の時間をムダにしないよう、必要最小限の重要な情報だけを「短く」「単純に」まとめた資料を作成するべきです。

ちなみに私はかつて、資料を完成させる前、ラフ案や作業途中の段階で、その資料を渡すべき相手に「今、資料を作成していますが、こういった形でよろしいですか」と確認していました。

その際、これを付け加えてくれと言われた場合は、「30ページ程度増えて、分厚い資料になってしまいますが、よろしいですか」と具体的に問題点等を提示して確認、指示を仰いでいました。

そうすることで、相手に伝わりやすい資料を作成できるうえに、自分の仕事時間も減らすことができるというわけです。

さらに、相手にも仕事熱心だと思ってもらえます。

まさに、一石二鳥、いえ三鳥です。

相手が欲しいものを提供することを、第一に考えましょう。

仕事が早く片づくポイント

アウトプットは「KISSの法則」でする

No. 07

仕事が

早く終わる人は「ハイボール」思考、終わらない人は「とりあえず生」思考

仕事帰りの一杯。居酒屋に入ってドリンクオーダーを聞かれた瞬間、迷いなく「とりあえず生ビール」と頼む人は少なくないでしょう。

このような人は、仕事時間が増え続ける傾向があります。

「とりあえず生」という言葉には、どこか思考を停止させている要素があるからです。

今日は生ビールじゃなくてハイボールがいいな、と思っても、「とりあえず生」。肌寒いから焼酎のお湯割りがいいな、と思っても、「とりあえず生」。

お互いに相手、あるいは何人かのメンバーに合わせて「とりあえず生」。

「とりあえず生」が習慣、大げさに言えば聖域になっているのです。

これがいちばんの問題です。

聖域は疑ってみることです。

会議や日報、報告書などの中で、実は廃止してもいいと内心思っているのだけれど、長年続いているから、上司が気に入っているからといった理由で、手出しのできない聖域になっているものはないでしょうか。

この聖域を「とりあえず」やり続けている人は、余計な時間が取られていることに気づかないまま、仕事が終わらない日々を送っています。

一方、仕事が早い人は、メニューを見て「これ面白そうだな」「これ何だろう？」というものを頼みます。

常に変化を楽しんでいる人です。

ただ、そういう人も、大勢の飲み会などで全員が「とりあえず生」だと、頼みたいものを頼みにくくなります。

「同調圧力」です。

この場合、幹事や仕切っている人が、「ぼくはハイボールを飲みますが、皆さんは？」などと変わったものを頼むと、他の人もいろいろ頼みやすくなります。

会議などで若手のメンバーや気が弱い人が意見を出しやすくなるのと同じです。

仕事が早い人は次の2点を重視しています。

1．聖域を疑う

「ECRS」という、業務を効率化する改善策を考えるためのフレームワークがあります。

「Eliminate（取り除く）」「Combine（統合する）」「Rearrange（取り替える）」「Simplify（簡素化する）」の4つの切り口から改善アイデアを考えるフレームワークです。

4つの切り口の中で最初に考えなければならないのは、業務そのものを削除するE（やらなくてもよくする）で、これがもっとも改善効果が高く、続いてC、R、Sという順になります。

「聖域」だと思って当たり前にやっていることについて、「なぜこの業務が必要なのか?」と問いかけてみると、省ける業務や、簡素化できる業務が案外あふれていることに気がつきます。

長い間続けており、今や聖域となっている「毎週やっている1時間の定例会議」を例にしてみましょう。

・E(取り除く)……廃止する
・C(統合する)……毎月1回の定例会議にまとめる
・R(取り替える)……テレビ電話で参加できるようにする
・S(簡素化する)……30分で終わらせるようにする

聖域になっている業務を疑ってみることで、仕事時間を減らすことができます。

2. 他のメンバーが意見を出しやすくする

声の大きい人や威圧感のある人が仕切っていると、なかなか意見も言いにくいものです。

また、「とりあえず生」などとありきたりのものを頼むように、チーム全体の思考がストップしてしまいます。

その結果、聖域が温存されて、「ＥＣＲＳ」が機能しなくなります。

全員が同調圧力に負けて、横並びとなってしまうのです。

変化のスピードの激しい現代では、横並びでは置いていかれてしまいます。

「横並びでなくていい」「ありきたりでなくていい」「とりあえずではなく考えてみる」という風潮を、チームに浸透させて、変化をつくっていきましょう。

これが、チーム全体の仕事時間を減らすコツの１つです。

仕事が早く片づくポイント

ＥＣＲＳを使って聖域を疑い、変化をつくる

No.08

仕事が早く終わる人はマニュアル化思考、終わらない人は結果が出ればいい思考

仕事がいつまでも終わらない人は、「結果が良ければそれでいい」と考えます。ですから結果だけを見て一喜一憂してしまいがちです。

その仕事から学んだことがあっても、何も記録に残していないので、次に同じような仕事が入ってても改善につながりません。これだと何回同じ経験をしても、仕事効率は上がりません。

一方、仕事が早く終わる人は、仕事から学んだことを整理して、その都度ノウハウをマニュアル化します。その結果、次回の仕事のクオリティがアップし、作業効率が

上がっていきます。これが時間の短縮化につながっていきます。

また、マニュアルにすることで、チームの他のメンバーや社内の他部署のメンバーとも共有することができます。

このように経験したことをまとめる際、使いやすい「YWT」という方法があります。Y（やったこと）、W（わかったこと）、T（次にやること）の3つの項目で、仕事の振り返りを行うのです。

1．Y　やったことを書き出す

仕事で実施した内容を可視化します。

2．W　わかったことを書き出す

やったこと（Y）の中から、わかったこと（W）を書き出します。学びや気づきを見出すステップです。成功と失敗の両方に目を向けるためにも、学びになることをもれなく書き出してください。

3．T 次にやることを書き出す

1と2の内容から、次にやること（T）を書き出します。次回以降、同じような仕事の時にどうするかを考えて書いていきます。

月に1回ある専門学校での入学説明会を例に考えてみましょう。

1．Y やったこと

・今までに問い合わせのあった600件にメールとハガキで案内を送った
・開始時間は18時30分から、場所は新宿にした
・全体説明が45分、体験実習が60分、質疑応答が15分の計120分にした

2．W わかったこと

・スタッフ2人では、30名の参加者をフォローしきれなかった
・開始時間に遅れた人が何名かいた

・アンケートに、場所がわかりづらかったと言及していた人が5名いた
・中央区と千代田区に勤務している人が10人以上いた
・質疑応答の時間が10分オーバーした

3．T　次にやること

・フォローを強化するため、参加者が30名規模の場合、スタッフを2人でなく3人にする
・参加者の定員を10名にし、2人のスタッフでフォローが行き届くようにする
・全体説明を30分にし、質疑応答を30分にする
・開始時間を19時にし、アクセスのいい飯田橋で会場を探す
・定期的にメールマガジンを発行することを検討する

何かのイベントやタスクを経験したら、ＹＷＴを振り返る時間を確保するようにしましょう。いちいちそんなことをしていたら時間がかかってしまい、もったいないと

思うかもしれません。

しかし、ＹＷＴを振り返ることで、Ｔ（次にやること）が、ＰＤＣＡのＰ（計画）を立てる際にも大きなヒントになります。

結果、所要時間の短縮にもつながるでしょう。

また、このようにＹＷＴを繰り返すことで、マニュアルの精度はどんどん上がっていきます。

毎回、何時間もかけて行う必要はありません。

たとえば、15分から20分でいいので、ＹＷＴを振り返ってまとめる、をルーティン化してしまうだけでも十分です。

経験を財産に変え、時間の無駄を省いていきましょう。

仕事が早く片づくポイント

経験はＹＷＴでまとめ、マニュアル化する

No.09

仕事が

早く終わる人はホテルのカフェ思考、終わらない人は常にドトール思考

ドトールコーヒーのお店は駅の近くに多くあり、大変便利です。

私も次のアポイントまで待ち時間が出た時は、よく入って読書をしたりします。

220円から300円という手ごろな価格も魅力です。

しかし、「ドトールコーヒーしか行かない」という人は注意が必要です。

ドトールコーヒーに限らず、決まったお店しか行かない、という人は、思考停止になってしまっている可能性があります。

「ドトールコーヒーはよく行くけど、ベローチェやタリーズも行くよ」と言う人がいるかもしれませんが、同じような価格帯のリーズナブルな店では変わりません。

「いつも同じ」環境、行動は、視野を狭くしてしまうからです。

仕事が早い人は、日常の中に変化をつくります。

ドトールコーヒーにばかり行かず、時には高級ホテルのカフェにも行きます。

高級ホテルのカフェに行くと2000円から5000円くらいかかりますが、得られる点が数多くあります。

ティーカップやプレート、ソファなど上質なものに囲まれます。

店員さんも洗練されています。

非日常空間を味わえます。

自ずと視野も広がります。

非日常空間にいると、リラックスできるので、アイデアがひらめきやすくなります。

気分転換にもなります。

高級ホテルで何万円もするディナーを、と言うわけではありません。たまには洗練された「場」で、落ち着いてコーヒーや紅茶を楽しむ――そこに変化が生まれます。

時には「時間や空間をお金で買う」という体験も必要です。

お金は大切なものですが、時間と違って失っても頑張れば取り戻すことが可能です。

しかし、時間は取り戻すことができない有限なものです。

たとえば、たまにはグリーン車に乗る、高級なショップに行って小物を買うといったことも、決してムダにはなりません。

お金の節約ばかり考えると、仕事時間は増え続けてしまいます。

多少お金はかかっても時間を買うという感覚を持ち合わせるようにしましょう。

時間に対して意識を持つことが、仕事時間の増減に大きく関係してくるのです。

仕事が
早く片づく
ポイント

時には高級な時間や空間に触れる

仕事が
はかどる
感情との
付き合い方

第5章

No.01 仕事が

早く終わる人は常に客観的であり、終わらない人は主観的である

多くの人が、感情を表に出すことは悪いことであると思いがちです。

そのため、仕事の席では、嫌なことがあっても、理不尽なことがあっても、怒らないように自分の感情をコントロールしています。怒ってしまったとしても、心の中で押し殺し、表には出さないように閉じ込めます。

顔ではニコニコ、内心ではイライラするのです。

しかし、人は感情の生き物です。

なかでも「怒る」という感情は、人間に必要不可欠の感情です。

古来、野生動物に襲われた時、生き延びるために人間が取っていた行動は「闘う」

か「逃げる」のいずれかでした。この時、力を発揮したのが「怒り」の感情です。
「怒り」とは人間の防衛感情であり、生存本能に密接に結びついているのです。

現代でも、「怒り」は、物事を成し遂げるための大きなパワーになったり、自分をさらなる高みへ成長させるエネルギーになったりします。

たとえば、営業成績でトップを取り、ＭＶＰになることを目指していたが、残念ながら今年は4位になってしまった。この悔しさを忘れないうちに、来年度の行動計画を立ててリベンジする。

悔しさ（怒り）をバネにして自分の行動に反映させるのは望ましいことです。

このように「怒り」の感情をプラスの方向、建設的な方向に持っていくのは、とてもいいことです。

ただし、激しい怒りで相手を傷つけたり、辛辣《しんらつ》な言葉をかけて大ゲンカしたりするのは、望ましくありません。

一方で、怒りの感情はマイナスの方向にも動きます。

特に人は感情の動物であり、感情を殺すことはできません。

よって表面上は穏やかに見えても、怒りの感情が消えていない場合もあります。

仕事をスムーズにするためには感情と上手に付き合うことが重要なのです。


Eさんは営業事務のスタッフで、見積書を作成する仕事をしています。

仕事は早く的確で、周りからも信頼されていました。

ところが、先月にCさんが退社、今月に入ってからDさんが病気で休みに入ったことにより、これまで12人の営業マンに対して4人で対応していた業務を2人で行わなくてはならなくなりました。毎日毎日遅くまで残業が続きました。

体力的にもつらく、この2週間、楽しみにしていた英会話スクールに通うこともできず、ずっとイライラが募っていたEさんは、営業マンのFさんから「遅い」と文句を言われたとたん、怒りが頂点に達しました。

そして、上司に切り出すことにしたのです。

言いにくいことを相手に伝える方法として、「DESC法」という方法があります。

1．D（Describe：描写）……現在の状況を伝える
2．E（Explain：説明）……自分の気持ちを相手に説明する
3．S（Specify：提案）……相手に望む解決策を提案する
4．C（Choose：選択）……相手から同意された時、同意されなかった時どうするか、選択肢を考えておく

彼女はセミナーでこの方法を学んでいました。そのため、怒りを爆発させることなく、上司に状況改善の提案をしたのです。

1．D　元々4人体制でやっていたが、いまはその半分の2人になっています
2．E　毎晩遅くまで残業しても、期日ギリギリ。体もいっぱいいっぱいです
3．S　誰か1人、回していただけませんか
4．C　（YESの場合）では、今月いっぱいに手配をお願いします

（NOの場合）では、これまでのような17時までに見積書の作成依頼を受けたら2営業日後の12時までに作成してメールで送るというのは、かなりきついので、1か月間だけ3営業日に延ばしていただけますか

すると、上司から「補充は考えているが今すぐには難しい」ため、まずは、2か月間だけ3営業日に延ばす許可が出ました。

Eさんの提案は1か月間でしたが、2か月になったのです。

単に自己の主張だけを強く行い、相手、つまり上司を尊重しない言い方をしていたら、気分を害してしまい、受け入れてもらえなかったでしょう。

実は2年前にも人員が少なくなったことがあり、Eさんは上司に申請していました。この時、EさんはDESC法を知らなかったため、「業務部に1人回していただけますか」と用件だけシンプルに伝えました。

しかし上司は検討してくれるどころか、「自分の主張ばかりして。仕事の進め方が悪いんだろ。もっと効率的に仕事を進める努力が足りないのじゃないか」と即却下さ

れていました。

相手に状況をわかってもらうには、主観だけでなく客観性が必要なのです。

ＤＥＳＣ法は、客観性と主観性を活かしながら、自分の主張ばかりするのではなく、お互いを大切にする思いを伝える方法です。

最初に「４人体制が２人になってしまった」という客観的事実を伝えたことで、上司も受け入れ態勢ができ、冷静に判断ができたのです。

そのうえで、相手に納得してもらえない場合は、譲歩してお互いに納得できる着地点を見つけていけばいいのです。

仕事が早く片づくポイント

感情はＤＥＳＣ法で解決しよう

No.02
仕事が

早く終わる人は「一次感情」と向き合い、終わらない人は「二次感情」に振り回される

「なぜ期限に遅れるんだ」

「期限ギリギリになって『できない』なんて言わないでくれよ」

「何回間違えるんだ。どうしたら正確につくれるんだよ」

「なんでこんな高すぎる目標を設定するんだ」


仕事をしていると、仕事相手に対してこうした「怒り」の感情を、程度は違えど、抱くことがあるでしょう。

「怒り」の感情は力（パワー）にもなりますが、仕事においては天敵と言ってもいい

かもしれません。

「怒り」の感情は思考のノイズになり集中力をダウンさせるため、通常の時より、仕事に時間がかかってしまうからです。

「怒り」の感情を抱いている時間が長いほど、また抱く回数が多いほど、仕事がはかどらなくなります。

つまり、「怒り」の感情と上手に向き合い、取り除く必要があるということです。

感情には、一次感情と二次感情があります。

「怒り」は二次感情です。その裏に、必ず一次感情が潜んでいます。

一次感情とは、「不安」「つらい」「苦しい」「寂しい」「悲しい」「むなしい」などのマイナスの感情です。

最初に何かしらマイナスの感情である一次感情が湧きあがり、その感情が満たされないことで、二次感情である「怒り」が生まれるというわけです。

たとえば、「なぜ期限に遅れるんだ」と部下に対して腹を立てたとします。

この時、怒りの感情の裏には、彼ならきちんと期限に間に合わせてくれると思っていたのに「残念だ」という一次感情が存在しています。

「残念だ」という一次感情が満たされないから怒っているのです。

ところが、たいていの人が、「怒り」の感情が芽生えるとその存在に支配されてしまい、一次感情があることに気づきません。

そのため、「怒り」の感情の元を処理できないままになってしまい、いつまでも「怒り」の感情を引きずってしまったり、かえって膨張させてしまったりします。

一度収まったのに、また「怒り」の感情が沸々と沸いてくるのも、一次感情の処理ができていないからなのです。

仕事が早く終わる人は、一次感情、二次感情の存在を理解し、「怒り」の感情が芽生えたと感じたら一次感情が何かを把握します。そして、怒りを抱いた相手に、怒っている理由や自分の気持ちを、一次感情を使ってしっかり伝えます。

「いつになったらできあがるのかがわからないと『不安』です。状況を教えてください」

などと一次感情を明示したうえで「どうしてほしいか」のリクエストと一緒に伝えることで、二次感情である「怒り」に支配される前に問題解決をすることができます。

また、怒られたほうも、具体的に一次感情を説明してもらうことで状況を理解でき、真摯に対応できます。何の説明もなく怒りをぶつけられたら、怒られたほうも、怒られたというつらいイメージや、なぜ怒られたかがわからないことによる不愉快な感情だけが残り、おもしろくありません。負けじと「怒り」の感情を抱くこともあります。

仕事は一人ではできません。必ず相手がいます。

まったく別の人間なのですから、思い通りにいかず、腹が立つこともあるでしょう。

だからこそ、怒りの感情を爆発させるのではなく、適切な形で相手に伝えることが大切なのです。

仕事が早く片づくポイント

怒りの一次感情をつかんで処理しよう

No.03

仕事が

早く終わる人は不安材料を書き出し、終わらない人は不安を頭の中で片づける

新しい仕事を始める時、新しい人と一緒に組む時など、緊張、やる気とともに、若干の不安を抱くこともあるでしょう。

おそらくたいていの人が頭の中で不安があっても「まあ、大丈夫だろう」と打ち消します。

しかし、不安を感じたということは、何かしらの自分への警告です。何も対策を練らないと、結局、頭の片隅に不安が残り続け、それが「思考のノイズ」になります。

結果的に集中力が落ちるので、なかなか仕事がはかどらず、いつまでも終わらないのです。

一方、仕事が早く終わる人は、不安があればそれを実際に書き出し、意識して取り除いていきます。

書き出して「可視化」することで、自分の中から不安を取り出すだけでなく、状況を客観的に捉えることができるようになります。

書き出すと、頭の外に出るのでモヤモヤも残らず、頭の中がスッキリして集中力もアップします。

なお、不安材料を書き出す際は、3つのカテゴリーに分けて行います。

1．明確なこと

たとえば、社外向けに自社商品の説明会を開催することになったものの、自分が担当になって初めてであること、また以前の担当者が異動でいないため、相談することができないことから、きちんと開催できるか不安を感じているとします。

まず、明確なことを書き出していきます。

・目的

・日程
・内容

2．実はわかっていること

次に、実はわかっていることを書き出します。

・会場の予約方法
・招待するお客様への案内をいつまでにするか
・当日の受付は誰がするか
・必要な備品は何か
・費用はどれくらい発生するか
・案内の中に入れるチラシ等

3．本当にわからないこと

最後に本当にわからないことを書き出します。

・実際に何人くらい来てくれるか

このように仕分けしてみると、1と2は詳しい人やわかる人を探して聞けばいいと判断することができます。**そして、本当の不安材料は、「本当にわからないこと」の1つだけだということが明確になります。**

「実際に何人くらい来てくれるか」は蓋《ふた》をあけてみないとわかりません。

ですから、ここは悩んでも仕方ないことだなと頭の中を整理できるのです。

不安の感情は漠然とした抽象的な塊です。

その塊を分解し、具体化し言葉にすることで、中身が明確になります。

そのうえで、「変えられるもの」と「変えられないもの」に分けて考え、「変えられるもの」を変えていけば、不安をどんどん消していくことができるのです。

仕事が早く片づくポイント

不安は3つのカテゴリーに仕分けしよう

No.04
仕事が

早く終わる人は落ち込んだら回復の儀式をし、終わらない人は繰り返し反省する

「コンペで負けが続いた」

「大切なお客様に迷惑をかけてしまった」

「昇格できるかなと期待していたが、据え置きになってしまった」


物事が思うように進まず、落ち込み、何もしたくなくなることもあるでしょう。

落ち込んだら、いかに早く立ち直るかが大事です。

落ち込んでいる時間が長引くと、それが「思考のノイズ」になり、仕事への集中力が落ちてしまいます。

落ち込みを長引かせ、失敗したことや自分の欠点を繰り返し考えてしまう厄介な思考パターンがあります。「反芻《はんすう》思考」というものです。


「コンペの時、あの資料も入れておけばよかった」

「お客様にすぐ連絡しておけばよかった」

「私は失敗ばかり。なんでこんなに仕事ができないんだろう」


起きた出来事に対して、「ああすればよかった」「こうすればよかった」と、様々な思いを抱き、自分を責める。これをひたすら繰り返すのです。

でも、いくら自分を責め続けても解決策にはなりません。

仕事がいつまでも終わらない人は、えてしてその傾向があります。

また落ち込んでいる状態が長く続くと、うつ病などメンタル不全になってしまう可能性も出てきます。

その結果、仕事もはかどらず、残業も増えてしまうのです。

一方で仕事が早く終わる人は、落ち込みから回復する儀式を持っています。落ち込んでいる時間を短くするために設けていることです。

回復の儀式は3段階に分けて行います。

1．自分のポジティブな面を見つけて認める

自分の強みを挙げます。自分にはどういう力があるかを意識し、自信を取り戻すためです。

ただし、落ち込んでいるとなかなか思い浮かびません。

あらかじめ、自分の長所やいいことがあったら、そのことを手帳やノートに書いておきましょう。どんなに小さなことでも構いません。書けるだけ書き出してください。

次のようなことをあらためて思い起こせば、自分は決してダメな存在ではないと言い聞かせることができ、落ち込みから回復するきっかけをつくることができます。

落ち込んだ時は、このメモを見返しましょう。

・自分の強みは何か
・現在の仕事でうまくいっている部分はどんなところか
・他人にどんなことで喜んでもらったか
・過去にどんなことで褒められたか

2. 責められているのは「行為」と考える

「自分はなんでこんなに仕事ができないんだろう」

「こんなミスをするなんて自分は社会人失格だ」

ミスをした時、このように自分を責めてしまうと、気持ちがどんどんネガティブのスパイラルに入っていきます。

大事なのは、自分そのものに問題があるのではなく、自分の行為に問題があったのだと考えることです。

「自分」と「行為」を分離するのです。

良くなかった「行為」を修正して、次回は適切な「行為」をとれるようにすればいいだけです。

「重要なデータをうっかり消してしまった……」

これは自分の人格、性格がダメだったのではなく、行為がダメだったのです。以後はしっかり確認して、バックアップもとっておけばいいのです。

努力次第で「行為」は改善できます。一方、落ち込みは解決に導いてくれません。改善にもつながりません。

「自分」を責める必要はありません。

「自分」を責めたことで得られる効果もありません。

「自分」を責めてもキリがありません。

必要以上に自分を責めてしまうと、「できたことができなくなる」場合もあります。

視点を切り替えて、できるだけ早く落ち込みから抜け出しましょう。

3．達成感を得られる簡単な仕事をしてみる

いくら「落ち込みから回復するぞ！」と頭で考えても、気持ちはなかなか変わるも

のではありません。

しかし、行動は自分の意志でできます。

小さなことでよいので、まずは行動して達成させましょう。

簡単で達成しやすい単純作業などがオススメです。

レポートを書き上げる、デスク周りを片づけるなど、何でも構いません。

達成感を得られれば、気持ちはポジティブに変わってきます。


落ち込むことは仕方ありません。

大切なのは、落ち込んでいる時間を長引かせないことです。

そのためには無理にでも行動しましょう。

考えているだけでは何も変わりませんが、行動していくうちに、気持ちも変化していくものです。

仕事が早く片づくポイント

落ち込んだ時は3段階の儀式を行おう

No.05

仕事が

早く終わる人は情報をシャットアウトし、終わらない人は情報をたくさん集める

アメリカの心理学者であるゴードン・H・バウアー氏が導き出した「気分一致効果」という心理的現象があります。

人は気分に一致する情報に目を向けがちである、ということです。

たとえば、間違いなく成功するだろうと思っているプロジェクトに楽しく取り組んでいる時は、成功を後押しするようなうれしい情報が入ってくる。

一方で、このプロジェクトが失敗しないか不安だ、来期の予算は達成できるだろうかなどと不安な気持ちになっている時は、ネガティブな情報ばかりが目につきやすくなる。

これが「気分一致効果」です。

この現象は、その人その人の、考え方の癖にも当てはめることができます。

つまり、「成功するだろう」という考え方の癖を持っていると、成功しそうな情報ばかりが目につきますし、「うまくいかないだろう」という考え方の癖を持っていると、失敗しそうな情報ばかりが目につくのです。

ポジティブか、ネガティブか、考え方の癖によって、目につく情報、つまり自分に影響を与える情報が変わってくるのです。

「この企画は通らないのではないだろうか」
「ライバルB社が巻き返してくるのではないだろうか」
「何かトラブルが起こるのではないだろうか」
「求人広告を出したけど、まったく人が集まらないかもしれない」

このようにネガティブな心理的状態で情報を探せば探すほど、集まってくる情報はネガティブなものが多くなります。その結果不安になり、失敗するような気がしてならなくなるのです。

インターネットが誕生してから、私たちは情報の大洪水の中にいます。膨大な情報には、役に立つものと役に立たないものがあります。ただやみくもに情報を集めていると、その2つが混ざり、信憑性《しんぴょう》の低い情報もたくさん入ってきます。

だからこそ、私たちは情報を冷静に選別しなければなりません。不安を増長する情報を仕入れても意味がありません。

仕事が早い人は、意識的に情報をシャットアウトしています。

元メジャーリーガーのイチロー氏は、現役時代、スポーツ新聞を読まなかったそうです。

読むと焦りやプレッシャーを感じ、心が揺れてしまうからだそうです。

自ら知らなくてもいいネガティブな情報に触れてパフォーマンスが上がるわけではありません。むしろ、下がってしまうでしょう。

あのイチローでさえ、平常心を保つために、意識的に情報をシャットアウトしていたのです。

人の影響などまったく受けない、何事も強い意志で取り組めるという鋼のメンタルをお持ちの人は別ですが、普通の人は悪い情報に影響されてしまいがちです。

情報のシャットアウトはインターネットや新聞に限らず、人からの情報も選別が必要です。

不安や心配は、やっかいな思考のノイズです。

ノイズを増幅させることは、仕事時間を増やす元凶です。

ノイズを排除することが、仕事をスムーズに進めるためにも欠かせないのです。

仕事が早く片づくポイント

ネガティブな情報は、意識的にシャットアウトしよう

No.06

仕事が

早く終わる人はストレスをその都度解消し、終わらない人は一気に解消しようとする

ストレスはできるだけ溜めないほうがいいのは当然です。

もちろん適度なストレスは集中力をアップするうえで不可欠なものですが、ストレスが溜まりすぎると心身ともに疲れてきます。

当然、いいアイデアも浮かびにくくなり、集中力も積極性も欠けて、仕事のスピードも遅くなってきます。

自分のことで精一杯になり、他人のことまで考える余裕をなくしてしまう……。

そんなことにならないよう、ストレスは意識的に解消していく必要があります。

仕事がいつまでも終わらない人が考えるストレス解消方法としてよくあるのが、長期休暇を利用した旅行などです。

南の島でのんびりしたり、京都などでお寺巡りをしたり、あるいは帰省して、両親や地元の友人と会ったりすることで、ストレスは解消されます。

かつては私も、長期休暇後は、非常にリフレッシュし、パフォーマンスの良い状態に戻ることができていました。

しかし、忙しい職場でしたので、戻って2週間もすると、休暇の効果はどこにいったのかと思うくらい疲れた元の表情に戻っていました。

さらに、長期休暇でストレス解消をするのはいいのですが、過ぎてしまうと次の長期休暇が来るまでの数か月もの間、ストレスが溜まり続けていくことになります。

ストレス過多の期間が、どうしても長くなってしまうのです。

一方、仕事が早い人は、その都度ストレスを解消しようとします。

ストレスが溜まってパフォーマンスが落ちてきたなと思ったら、できるだけその日のうちに解消します。**ストレスを溜め続けないのです。**

このように書くと、お酒を飲んだり、友人に愚痴を言ったりするという方法が思い浮かぶかもしれません。

しかし、少量のお酒であればストレス解消に役立つかもしれませんが、ストレスのせいで大量の飲酒をしてしまうと、かえって翌日のパフォーマンスが悪くなってしまいます。

友人との愚痴の言い合いも、何の解決にもなりません。むしろ、自己嫌悪に陥ってかえってストレスが溜まる可能性があります。

仕事が早い人は、仕事帰りに一人でもできるストレス解消法を持っています。

例を挙げてみましょう。

・通勤経路にある高い場所に上って、外の景色をぼーっと見る
・緑のある街道を散歩する
・好きな音楽をガンガン聞く

・1人カラオケに行く
・好きな小説を帰りの電車で読む
・テニスの壁打ちをする
・足裏マッサージに行く
・好きな映画を観る

特に歩いたり、体を動かしたりすることは、自然とストレス解消につながります。
コストもかからないので、オススメです。

このように自分なりのストレス解消を見つけて実践していくと、日々楽しくなって、ストレスがたまりにくくなってきます。
仕事に生活にメリハリが出て充実感も増し、いいことづくめです。

仕事が早く片づくポイント

ストレスはマメに解消しよう

No.07

仕事が

早く終わる人はムラがある前提で考え、終わらない人はムラをなくすことを考える

仕事には、常にムラのないパフォーマンスのいい状態で臨まなくてはならないと考える人は多いでしょう。

しかし、仕事の状態も常に変わるように、人の状態も常に一定であることは無理です。そもそも1日8時間の就業時間中、ずっと一定のパフォーマンスを出せる状態を継続できる人などほとんどいません。

疲れや体調、感情、集中力の状態によって、どんなに優秀なビジネスパーソンでもムラは出てしまうものです。

むしろムラをなくそうとムリをすることで、自分に負担がかかり、疲弊しすぎてパ

フォーマンスが終始悪い状態になってしまう恐れがあります。

また、誰にでも、パフォーマンスの上がる時間帯と、ムラが出てしまう時間帯があります。

たとえば、企画提出の締め切り後などは集中した後なので、ムラが起きやすいでしょうし、しっかり眠れた日の午前中はムラなくよいパフォーマンスが出せるはずです。


仕事が早く終わる人は、この自分自身のムラについてよくわかっています。

そのため、ムラがある前提でスケジュールを考えます。**ムラを無理になくそうとするのではなく、ムラと上手に付き合うのです。**

・月曜日の午前中は部署の会議があり疲れるので、午後はパフォーマンスが下がる
・水曜日は16時に取引先B社への週次報告書を作成・提出しなくてはならないため、その後は気が抜けてしまいがちである
・木曜日の10時から11時は、朝イチで行われる経営会議に参加した部長に呼び出され

て、愚痴を言われるのでモチベーションが下がる
・昼食後、13時から14時半は、眠気もあり事務仕事がうまく進まない
・金曜日の午後は、1週間の疲れがかなり溜まっているので、どうしても仕事のスピードが遅くなる

他にも、急な仕事が入った時や、トラブル処理が終わった後、プライベートでイヤなことが起こった時などには、自分自身に鞭《むち》を打って頑張ろうとしても、パフォーマンスは落ちてしまうでしょう。

ムラが出てしまっている状態で、クリエイティブな仕事をやろうとしても、ほとんど進みません。

仮に無理になんとかやり遂げたとしても、質の低い成果物になってしまいます。
結局やり直しになってしまい、結果、仕事がどんどん増えてしまいます。
仕事が早く終わる人は、次のようにムラ対策をしています。

1．ムラが出てしまう時間を天引きする

自分が得意な時間帯でパフォーマンスを上げようと考えます。

集中力が必要な仕事や企画を立てるなど、頭を使うクリエイティブな仕事は得意な時間帯にまとめて組み込むのです。

2．ムラが出そうな時間帯に処理できる仕事や作業を充てる

移動時間に充てる、人と接する仕事をする、簡単に達成感を味わえる仕事をする、得意な仕事をする、短時間で終わる仕事を繰り返すなど、集中力が落ちていても問題なくできる仕事を「ムラ時間」にこなします。

3．ムラを小さくする儀式をつくる

ムラそのものをできるだけ小さくするような儀式をつくり、入れ込みます。

たとえば次のようなものです。

・コーヒーを淹れる
・気分がスッキリするガムを食べる
・体操をしながら5分散歩する
・元気が出る偉人の名言を読む
・会議室にこもる
・波の音などの癒される音を聞く

このように、ムラを小さくする儀式は、リラックスできることや体を動かすことがオススメです。

結局のところ、人は感情の生きものですから、どんなに対策をしても完全にムラをなくすことはできません。

いかにムラを小さくし、うまく付き合っていくかがポイントになります。

大切なのは、自分はどうしたらムラが出るのか、その傾向を知り、それに合わせて仕事を進めていくことです。

ムラをなくそうと無理をすると、かえって仕事時間が増えてしまうので注意しましょう。

仕事が早く片づくポイント

「ムラは誰でも出るもの」と考えて対策を取ろう

おわりに

最後までお読みいただき、ありがとうございます。

いかがでしたでしょうか。

仕事が早く終わる行動ができているな、あるいは、仕事が全然終わらない理由はこういうことだったのかとか、だからあの人は……など、いろいろ思うところがあったのではないでしょうか。

ではここで、本文ではお伝えしていない、仕事が早く終わる最強のコツをご紹介します。

それは、「仕事が早く終わるようになったらやりたいこと」を明確にすることです。

私が研修等を通じて仕事術をお伝えしてきた中で感じるのが、肯定的な目標、自分がやりたいことをお持ちの方のほうが、仕事が早く終わるようになるまでの道のりが短いことです。

たとえば、次のような目標をお持ちの方々でした。

・英会話スクールに行きたい
・資格試験にチャレンジしたい
・将来独立したいので、起業スクールに行きたい
・健康のためにヨガに行きたい
・フルマラソンを走りたい（だから練習したい）
・子どもと遊びたい
・小説を読む時間を取りたい
・バンド活動を再開したい

どんなことでもよいので、まずは、あなたが心からやりたいことを決めましょう。

そのうえで、本書でご紹介してきた中から、気になるものを1つを選び、試してみてください。

大切なのは、一度にたくさんやろうとしないことです。

一度にたくさんやろうとすると、混乱し、中途半端になってしまいます。

習慣を変えるのは、そんなに簡単なことではありません。意識してやってみるを何回か繰り返していくうちに、だんだん慣れてきて定着（当たり前の状態になる）してきます。

だいたい始めてから3週間は継続してみてください。

そして習慣化したら、次の項目にチャレンジしてみましょう。

本書との出会いを通して、読者の皆さまが変化し、仕事が早く終わるようになって、実績をしっかりあげながらも、心身ともに健康で幸せを感じるようになれれば、これに勝る喜びはありません。

また、本書をお読みになられましたら、**「#仕事が早く終わる人、いつまでも終わらない人の習慣」「#吉田幸弘」**などのハッシュタグをつけて、InstagramやTwitterなどでご感想をお聞かせください。

実行してみたら仕事が早く終わった、こんなことがあったなどのご報告もどしどしお待ちしております。

最後に、本書を執筆するにあたって、多くの方々にお世話になりました。この場を借りて心から感謝を申し上げます。

また、取引先の方々、いつも応援いただいております皆様にも、心より感謝申し上げます。

まだお会いしていない読者の皆様にも、いつかどこかでお会いできることを楽しみにしております。

神戸にて　吉田幸弘

著者紹介

吉田幸弘（よしだ・ゆきひろ）

人財育成コンサルタント・上司向けコーチ

外資系専門商社時代、マネジャーとして自分自身と部下の業務を大幅に減らし、残業を３か月でゼロに導き、離職率を大幅に低下させる。独立後は、自らの経験にアンガーマネジメントや心理学から学んだメソッドを加え、経営者・管理職・一般社員向けに、全国の官公庁、企業、商工会議所、法人会などで研修・講演・コンサルティング活動を行っている。年間130本以上登壇、累計の受講者数は３万人以上。わかりやすく実践的な内容が好評を博している。著書に『リーダーの一流、二流、三流』（明日香出版社）、『部下に９割任せる！』（フォレスト出版）、『リーダーの「やってはいけない」』（PHP研究所）、中国で15万部のヒットとなった『部下のやる気を引き出す 上司のちょっとした言い回し』（ダイヤモンド社）など。

仕事《しごと》が早《はや》く終《お》わる人《ひと》、いつまでも終《お》わらない人《ひと》の習慣《しゅうかん》

〈検印省略〉

2019年　６　月　27　日　第　１　刷発行

著　者――吉田　幸弘（よしだ・ゆきひろ）
発行者――佐藤　和夫

発行所――株式会社あさ出版

〒171-0022　東京都豊島区南池袋 2-9-9 第一池袋ホワイトビル 6F
電　話　03 (3983) 3225 (販売)
　　　　03 (3983) 3227 (編集)
F A X　03 (3983) 3226
U R L　http://www.asa21.com/
E-mail　info@asa21.com
振　替　00160-1-720619
印刷・製本　(株) 光邦

乱丁本・落丁本はお取替え致します。

facebook　http://www.facebook.com/asapublishing
twitter　http://twitter.com/asapublishing

ISBN978-4-86667-143-7 C2034